论学习贯彻
党的十九届六中全会精神

——人民日报评论员文章合集

人民日报评论部 著

人民出版社

责任编辑：郑海燕

封面设计：王春铮

责任校对：史伟伟

图书在版编目（CIP）数据

论学习贯彻党的十九届六中全会精神：人民日报评论员文章
　合集/人民日报评论部 著. —北京：人民出版社，2021.12
ISBN 978－7－01－024379－5

Ⅰ.①论…　Ⅱ.①人…　Ⅲ.①中国共产党十九届六中全会
（2021)-文件-学习参考资料　Ⅳ.①D229

中国版本图书馆 CIP 数据核字（2021）第 267751 号

论学习贯彻党的十九届六中全会精神

LUN XUEXI GUANCHE DANG DE SHIJIUJIE LIUZHONG QUANHUI JINGSHEN

——人民日报评论员文章合集

人民日报评论部　著

人民出版社 出版发行

（100706　北京市东城区隆福寺街 99 号）

中煤（北京）印务有限公司印刷　新华书店经销

2021 年 12 月第 1 版　2021 年 12 月北京第 1 次印刷
开本：710 毫米×1000 毫米 1/16　印张：7
字数：60 千字

ISBN 978－7－01－024379－5　定价：28.00 元

邮购地址 100706　北京市东城区隆福寺街 99 号
人民东方图书销售中心　电话（010)65250042　65289539

出版说明

在中国共产党成立一百周年的重要历史时刻,在党和人民胜利实现第一个百年奋斗目标、全面建成小康社会,正在向着全面建成社会主义现代化强国的第二个百年奋斗目标迈进的重大历史关头,党的十九届六中全会胜利举行。全会审议通过的《中共中央关于党的百年奋斗重大成就和历史经验的决议》,是一篇光辉的马克思主义纲领性文献,是新时代中国共产党人牢记初心使命、坚持和发展中国特色社会主义的政治宣言,是以史为鉴、开创未来、实现中华民族伟大复兴的行动指南。

学习贯彻党的十九届六中全会精神,对推动全党进一步统一思想、统一意志、统一行动,团结带领全国各族人民夺取新时代中国特色社会主义新的伟大胜利,具有重大意义。为了方便广大读者更好地学习领会精神,我们汇编了人民日报论学习贯彻党的十九届六中全会精神的系列评论员文章等,供广大读者参考。

目　录

附一 社论

附二 "新时代的关键抉择"系列评论员文章

1

深刻把握党百年奋斗的重大成就

——论学习贯彻党的十九届六中全会精神

百年征程波澜壮阔,百年奋斗成就辉煌。党的十九届六中全会从党和国家事业发展的战略全局出发,深入研究党领导人民进行革命、建设、改革的百年历程,全面总结党从胜利走向胜利的伟大历史进程、为国家和民族建立的伟大历史功绩,审议通过了《中共中央关于党的百年奋斗重大成就和历史经验的决议》。这是党的十九届六中全会的重要历史贡献,对于全党更加紧密地团结在以习近平同志为核心的党中央周围,进一步增强"四个意识"、坚定"四个自信"、做到"两个维护",团结带领全国各族人民夺取新时代中国特色社会主义新的伟大胜利,具有重大现实意义和深远历史意义。

《中共中央关于党的百年奋斗重大成就和历史经验的决议》是一篇光辉的马克思主义纲领性文献,是新时代中国共产党人牢记初心使命、坚持和发展中国特色社会主义的政治宣言，是以史为鉴、开创未来、实现中华民族伟大复兴的行动指南，同党的前两个历史决议既一脉相承又与时俱进，必将激励全党在新时代新征程上争取更大荣光。当前，摆在我们面前最重要的政治任务，就是认真学习贯彻党的十九届六中全会精神，进一步统一思想、统一意志、统一行动，在新时代更好地坚持和发展中国特色社会主义。

中国共产党自 1921 年成立以来，始终把为中国人民谋幸福、为中华民族谋复兴作为自己的初心使命，始终坚持共产主义理想和社会主义信念，团结带领全国各族人民为争取民族独立、人民解放和实现国家富强、人民幸福而不懈奋斗，已经走过一百年光辉历程。一百年来，党领导人民浴血奋战、百折不挠，创造了新民主主义革命的伟大成就；自力更生、发愤图强，创造了社会主义革命和建设的伟大成就；解放思想、锐意进取，创造了改革开放和社会主义现代化建设的伟大成就；自信自强、守正创新，创造了新时代中国特色社会主义的伟大成就。党和人民百年奋斗，书写了中华民族几千年历史上最恢宏的史诗。历史充分证明：没有中国共产党，就没有新中国，就没有中华民族伟大复兴;中国共产党的领导是党和国家的根本所在、命脉所在,是全国各族人民的利益所系、命运所系。《中共中央关于党的百年奋斗重大成就和历史经验的决议》把着力点放在总结党的百年奋斗重大成就和历史经验上,对于推动全党增长智慧、增进团结、增加信心、增强斗志必将发挥重要作用,产生重大影响。

党的十八大以来,以习近平同志为核心的党中央统筹把握中华民族伟大复兴战略全局和世界百年未有之大变局,统揽伟大斗争、伟大工程、伟大事业、伟大梦想,团结带领全党全国各族人民创造了新时代中国特色社会主义伟大成就,为实现中华民族伟大复兴提供了更为完善的制度保证、更为坚实的物质基础、更为主动的精神力量,中华民族迎来了从站起来、富起来到强起来的伟大飞跃。党和国家事业之所以能够取得历史性成就、发生历史性变革,根本在于有以习近平同志为核心的党中央领航掌舵,有习近平新时代中国特色社会主义思想科学指引。党确立习近平同志党中央的核心、全党的核心地位,确立习近平新时代中国特色社会主义思想的指导地位,反映了全党全军全国各族人民共同心愿,对新时代党和国家事业发展、对推进中华民族伟大复兴历史进程具有决定性意义。《中共中央关于党的百年奋斗重大成就和历史经验的决议》从坚持党的全面领导、全面从严治党、经济建设、全面深化改革开放、政治建设、全面依法治国、文化建设、社会建设、生态文明建设、国防和军队建设、维护国家安全、坚持"一国两制"和推进祖国统一、外交工作等13个方面，分领域总结新时代党领导人民取得的巨大成就，重点总结九年来的原创性思想、变革性实践、突破性进展、标志性成果。《中共中央关于党的百年奋斗重大成就和历史经验的决议》突出中国特色社会主义新时代这个重点，重点总结新时代党和国家事业取得的历史性成就、发生的历史性变革和积累的新鲜经验，必将极大鼓舞和激励全党进一步坚定信心、振奋精神，聚焦我们正在做的事情，以更加昂扬的姿态迈进新征程、建功新时代。

过去一百年，党向人民、向历史交出了一份优异的答卷。现在，党团结带领中国人民又踏上了实现第二个百年奋斗目标新的赶考之路。时代是出卷人，我们是答卷人，人民是阅卷人。在以习近平同志为核心的党中央坚强领导下，全面贯彻习近平新时代中国特色社会主义思想，大力弘扬伟大建党精神，勿忘昨天的苦难辉煌，无愧今天的使命担当，不负明天的伟大梦想，为实现第二个百年奋斗目标、实现中华民族伟大复兴的中国梦而不懈奋斗,我们一定能够继续考出好成绩,在新征程上铸就新的时代辉煌、创造新的历史伟业。

(《人民日报》2021 年 11 月 13 日第 3 版)

深刻理解党百年奋斗的历史意义

——论学习贯彻党的十九届六中全会精神

一百年来，中国共产党始终践行初心使命，团结带领全国各族人民绘就了人类发展史上的壮美画卷，中华民族伟大复兴展现出前所未有的光明前景。

党的十九届六中全会审议通过的《中共中央关于党的百年奋斗重大成就和历史经验的决议》，在全面回顾总结党的百年奋斗历程和重大成就基础上，以更宏阔的视角，从五个方面总结党的百年奋斗的历史意义，即党的百年奋斗从根本上改变了中国人民的前途命运、开辟了实现中华民族伟大复兴的正确道路、展示了马克思主义的强大生命力、深刻影响了世界历史进程、锻造了走在时代前列的中国共产党。这五个方面的概括，既立足中华大地，又放眼人类未来，体现了中国共产党和中国人民、中华民族的关系，体现了中国共产党和马克思主义、世界社会主义、人类社会发展的关系，贯通了中国共产党百年奋斗的历史逻辑、理论逻辑、实践逻辑。

一百年来，党领导人民经过波澜壮阔的伟大斗争，中国人民彻底摆脱了被欺负、被压迫、被奴役的命运，成为国家、社会和自己命运的主人，人民民主不断发展，14亿多人口实现全面小康，中国人民对美好生活的向往不断变为现实。一百年来，党领导人民不懈奋斗、不断进取，成功开辟了实现中华民族伟大复兴的正确道路，中国从四分五裂、一盘散沙到高度统一、民族团结，从积贫积弱、一穷二白到全面小康、繁荣富强，从被动挨打、饱受欺凌到独立自主、坚定自信，仅用几十年时间就走完发达国家几百年走过的工业化历程，创造了经济快速发展和社会长期稳定两大奇迹。一百年来，党坚持把马克思主义写在自己的旗帜上，不断推进马克思主义中国化时代化，用博大胸怀吸收人类创造的一切优秀文明成果，用马克思主义中国化的科学理论引领伟大实践，马克思主义的科学性和真理性在中国得到充分检验，马克思主义的人民性和实践性在中国得到充分贯彻，马克思主义的开放性和时代性在中国得到充分彰显。一百年来，党既为中国人民谋幸福、为中华民族谋复兴，也为人类谋进步、为世界谋大同，以自强不息的奋斗深刻改变了世界发展的趋势和格局，党领导人民成功走出中国式现代化道路，创造了人类文明新形态，拓展了发展中国家走向现代化的途径，给世界上那些既希望加快发展又希望保持自身独立性的国家和民族提供了全新选择。一百年来，党坚持性质宗旨，坚持理想信念，坚守初心使命，勇于自我革命，在生死斗争和艰苦奋斗中经受住各种风险考验、付出巨大牺牲，锤炼出鲜明政治品格，形成了以伟大建党精神为源头的精神谱系，保持了党的先进性和纯洁性，党的执政能力和领导水平不断提高。《中共中央关于党的百年奋斗重大成就和历史经验的决议》全面、深刻、系统阐述了党对中国人民、对中华民族、对马克思主义、对人类进步事业、对马克思主义政党建设所作的历史性贡献，深刻揭示了党百年奋斗的重大意义和价值所在。

中国共产党领导中国人民取得的伟大胜利，让中华文明在现代化进程中焕发出新的蓬勃生机，让科学社会主义在21世纪焕发出新的蓬勃生机，让中华民族焕发出新的蓬勃生机。今天，中国人民更加自信、自立、自强，极大增强了志气、骨气、底气，在历史进程中积累的强大能量充分爆发出来，焕发出前所未有的历史主动精神、历史创造精神，正在信心百倍书写着新时代中国发展的伟大历史。今天，中华民族向世界展现出一派欣欣向荣的气象，巍然屹立于世界东方。今天，马克思主义中国化时代化不断取得成功，使马克思主义以崭新形象展现在世界上，使世界范围内社会主义和资本主义两种意识形态、两种社会制度的历史演进及其较量发生了有利于社会主义的重大转变。今天，中国共产党推动构建人类命运共同体，为解决人类重大问题，建设持久和平、普遍安全、共同繁荣、开放包容、清洁美丽的世界贡献了中国智慧、中国方案、中国力量，成为推动人类发展进步的重要力量。今天，党已成为拥有9500多万名党员、领导着14亿多人口大国、具有重大全球影响力的世界第一大执政党，正领导中国人民在中国特色社会主义道路上不可逆转地走向中华民族伟大复兴，无愧为伟大光荣正确的党。走过苦难辉煌的过去，走在日新月异的现在，走向光明宏大的未来，中国共产党立志于中华民族千秋伟业，百年恰是风华正茂！

站在新的历史起点上，回望过往的奋斗路，眺望前方的奋进路，我们心潮澎湃、壮志在胸、豪情满怀。奋斗新时代、奋进新征程,全党全军全国各族人民在以习近平同志为核心的党中央坚强领导下,全面贯彻习近平新时代中国特色社会主义思想,团结一心、顽强奋斗,风雨无阻向前进,全面建成社会主义现代化强国的目标一定能够实现,中华民族伟大复兴的中国梦一定能够实现!

(《人民日报》2021 年 11 月 14 日第 1 版)

深刻领会党百年奋斗的历史经验

——论学习贯彻党的十九届六中全会精神

党的历史是最生动、最有说服力的教科书,我们党历来高度注重总结历史经验。党一步步走过来,很重要的一条就是不断总结经验、提高本领,不断提高应对风险、迎接挑战、化险为夷的能力水平。

一百年来,党领导人民进行伟大奋斗,在进取中突破,于挫折中奋起,从总结中提高,积累了宝贵的历史经验。党的十九届六中全会审议通过的《中共中央关于党的百年奋斗重大成就和历史经验的决议》概括了具有根本性和长远指导意义的十条历史经验:坚持党的领导,坚持人民至上,坚持理论创新,坚持独立自主,坚持中国道路,坚持胸怀天下,坚持开拓创新,坚持敢于斗争,坚持统一战线,坚持自我革命。这十条历史经验是系统完整、相互贯通的有机整体,深刻揭示了党和

11

人民事业不断成功的根本保证,深刻揭示了党始终立于不败之地的力量源泉,深刻揭示了党始终掌握历史主动的根本原因,深刻揭示了党永葆先进性和纯洁性、始终走在时代前列的根本途径,具有重大的历史意义和现实指导意义。

党的经验是我们党在历经艰辛、饱经风雨的长期摸索中积累下来的,饱含着成败和得失,凝结着鲜血和汗水,充满着智慧和勇毅。历史和现实充分表明,中国共产党是领导我们事业的核心力量,中国人民和中华民族之所以能够扭转近代以后的历史命运、取得今天的伟大成就,最根本的是有中国共产党的坚强领导;党的根基在人民、血脉在人民、力量在人民,人民是党执政兴国的最大底气;马克思主义是我们立党立国、兴党强国的根本指导思想,马克思主义理论不是教条而是行动指南,必须随着实践发展而发展,必须中国化才能落地生根、本土化才能深入人心;独立自主是中华民族精神之魂,是我们立党立国的重要原则,走自己的路是党百年奋斗得出的历史结论;方向决定道路,道路决定命运,党在百年奋斗中始终坚持从我国国情出发,探索并形成符合中国实际的正确道路,中国特色社会主义道路是创造人民美好生活、实现中华民族伟大复兴的康庄大道；大道之行，天下为公，党始终以世界眼光关注人类前途命运，从人类发展大潮流、世界变化大格局、中国发展大历史正确认识和处理同外部世界的关系，站在历史正确的一边，站在人类进步的一边；越是伟大的事业，越充满艰难险阻，越需要艰苦奋斗，越需要开拓创新，党领导人民不断推进理论创新、实践创新、制度创新、文化创新以及其他各方面创新，敢为天下先，走出了前人没有走出的路；敢于斗争、敢于胜利，是党和人民不可战胜的强大精神力量，党和人民取得的一切成就，不是天上掉下来的，不是别人恩赐的，而是通过不断斗争取得的；团结就是力量，建立最广泛的统一战线是党克敌制胜的重要法宝，也是党执政兴国的重要法宝；勇于自我革命是中国共产党区别于其他政党的显著标志，自我革命精神是党永葆青春活力的强大支撑。《中共中央关于党的百年奋斗重大成就和历史经验的决议》精辟概括的十条历史经验，是经过长期实践积累的宝贵经验，是党和人民共同创造的精神财富，必须倍加珍惜、长期坚持，并在新时代实践中不断丰富和发展。

回望过往的奋斗路，眺望前方的奋进路，我们必须把党的历史学习好、总结好，把党的成功经验传承好、发扬好。前进道路上,只要我们坚持党的全面领导不动摇,坚决维护党的核心和党中央权威,充分发挥党的领导政治优势,把党的领导落实到党和国家事业各领域各方面各环节,就一定能够确保全党全军全国各族人民团结一致向前进;只要我们始终坚持全心全意为人民服务的根本宗旨,坚持党的群众路线,始终牢记江山就是人民、人民就是江山,坚持一切为了人民、一切依靠人民,坚持为人民执政、靠人民执政,坚持发展为了人民、发展依靠人民、发展成果由人民共享,坚定不移走全体人民共同富裕道路,就一定能够领导人民夺取中国特色社会主义新的更大胜利,任何想把中国共产党同中国人民分割开来、对立起来的企图就永远不会得逞;只要我们勇于结合新的实践不断推进理论创新、善于用新的理论指导新的实践,就一定能够让马克思主义在中国大地上展现出更强大、更有说服力的真理力量;只要我们坚持独立自主、自力更生,既虚心学习借鉴国外的有益经验,又坚定民族自尊心和自信心,不信邪、不怕压,就一定能够把中国发展进步的命运始终牢牢掌握在自己手中;只要我们既不走封闭僵化的老路,也不走改旗易帜的邪路,坚定不移走中国特色社会主义道路,就一定能够把我国建设成为富强民主文明和谐美丽的社会主义现代化强国;只要我们坚持和平发展道路,既通过维护世界和平发展自己,又通过自身发展维护世界和平,同世界上一切进步力量携手前进,不依附别人,不掠夺别人,永远不称霸,就一定能够不断为人类文明进步贡献智慧和力量,同世界各国人民一道,推动历史车轮向着光明的前途前进;只要我们顺应时代潮流,回应人民要求,勇于推进改革,准确识变、科学应变、主动求变,永不僵化、永不停滞,就一定能够创造出更多令人刮目相看的人间奇迹;只要我们把握新的伟大斗争的历史特点,抓住和用好历史机遇,下好先手棋、打好主动仗,发扬斗争精神,增强斗争本领,凝聚起全党全国人民的意志和力量,就一定能够战胜一切可以预见和难以预见的风险挑战;只要我们不断巩固和发展各民族大团结、全国人民大团结、全体中华儿女大团结,筑牢中华民族共同体意识,形成海内外全体中华儿女心往一处想、劲往一处使的生动局面,就一定能够汇聚起实现中华民族伟大复兴的磅礴伟力;只要我们不断清除一切损害党的先进性和纯洁性的因素,不断清除一切侵蚀党的健康肌体的病毒,就一定能够确保党不变质、不变色、不变味,确保党在新时代坚持和发展中国特色社会主义的历史进程中始终成为坚强领导核心。

　　胸怀千秋伟业，百年只是序章。在新的伟大征程上，更加紧密地团结在以习近平同志为核心的党中央周围，深刻领会党百年奋斗的历史经验，不断汲取前进的智慧和力量，顽强奋斗、不懈奋斗，我们必将战胜一切艰难险阻，书写新的恢宏篇章，创造新的更大奇迹！

　　　　　　　（《人民日报》2021 年 11 月 15 日第 1 版）

4

深化对新时代党的创新理论的理解和掌握

——论学习贯彻党的十九届六中全会精神

马克思主义是我们立党立国、兴党强国的根本指导思想，是我们党的灵魂和旗帜。党的十九届六中全会深入研究党坚持把马克思主义基本原理同中国具体实际相结合、同中华优秀传统文化相结合，不断推进马克思主义中国化的百年历程，深刻指出党的百年奋斗展示了马克思主义的强大生命力，把"坚持理论创新"概括为党百年奋斗的十条历史经验之一，对于全党深化对新时代党的创新理论的理解和掌握具有重大指导意义，必将产生深远影响。

理论的生命力在于创新。马克思主义深刻改变了中国，中国也极大丰富了马克思主义。党之所以能够领导人民在一次次求索、一次次挫折、一次次开拓中完成中国其他各种政治力量不可能完成的艰巨任务，根本在于坚持解放思想、实事求是、与时俱进、求真务实，坚持把马克思主义基本原理同中国具体实际相结合、同中华优秀传统文化相结合，坚持实践是检验真理的唯一标准，坚持一切从实际出发，及时回答时代之问、人民之问，不断推进马克思主义中国化时代化，用马克思主义中国化的科学理论引领伟大实践。在新民主主义革命时期，我们党创立了毛泽东思想，是马克思主义中国化的第一次历史性飞跃。在改革开放和社会主义现代化建设新时期，我们党创立了邓小平理论，形成了"三个代表"重要思想、科学发展观，形成中国特色社会主义理论体系，实现了马克思主义中国化新的飞跃。在中国特色社会主义新时代，我们党创立了习近平新时代中国特色社会主义思想，实现了马克思主义中国化新的飞跃。我们党的历史，就是一部不断推进马克思主义中国化的历史，就是一部不断推进理论创新、进行理论创造的历史。实践充分证明，马克思主义是认识世界、改造世界的科学真理，马克思主义的科学性和真理性在中国得到充分检验，马克思主义的人民性和实践性在中国得到充分贯彻，马克思主义的开放性和时代性在中国得到充分彰显。

党的十八大以来，中国特色社会主义进入新时代，以习近平同志为核心的党中央统筹把握中华民族伟大复兴战略全局和世界百年未有之大变局，以伟大的历史主动精神、巨大的政治勇气、强烈的责任担当，统揽伟大斗争、伟大工程、伟大事业、伟大梦想，团结带领全党全军全国各族人民创造了新时代中国特色社会主义的伟大成就。习近平总书记对关系新时代党和国家事业发展的一系列重大理论和实践问题进行了深邃思考和科学判断，就新时代坚持和发展什么样的中国特色社会主义、怎样坚持和发展中国特色社会主义，建设什么样的社会主义现代化强国、怎样建设社会主义现代化强国，建设什么样的长期执政的马克思主义政党、怎样建设长期执政的马克思主义政党等重大时代课题，提出一系列原创性的治国理政新理念新思想新战略，是习近平新时代中国特色社会主义思想的主要创立者。全会审议通过的《中共中央关于党的百年奋斗重大成就和历史经验的决议》，在党的十九大报告"八个明确"的基础上，用"十个明确"对习近平新时代中国特色社会主义思想的核心内容做了进一步概括。《中共中央关于党的百年奋斗重大成就和历史经验的决议》还从 13 个方面分领域总结新时代党领导人民取得的巨大成就,并重点概括了其中的原创性的理念和思想。这些战略思想和创新理念,是党对中国特色社会主义建设规律认识深化和理论创新的重大成果。实践充分证明,习近平新时代中国特色社会主义思想是当代中国马克思主义、21世纪马克思主义,是中华文化和中国精神的时代精华,是马克思主义中国化最新成果。党确立习近平同志党中央的核心、全党的核心地位,确立习近平新时代中国特色社会主义思想的指导地位,反映了全党全军全国各族人民共同心愿,对新时代党和国家事业发展、对推进中华民族伟大复兴历史进程具有决定性意义。

实践没有止境,理论创新也没有止境。只要我们勇于结合新的实践不断推进理论创新、善于用新的理论指导新的实践,就一定能够让马克思主义在中国大地上展现出更强大、更有说服力的真理力量。前进道路上,我们要更加紧密地团结在以习近平同志为核心的党中央周围,全面贯彻习近平新时代中国特色社会主义思想,用马克思主义的立场、观点、方法观察时代、把握时代、引领时代,不断深化对共产党执政规律、社会主义建设规律、人类社会发展规律的认识,坚持不懈用党的创新理论最新成果武装头脑、指导实践、推动工作,用马克思主义的真理光芒照耀我们的前行之路,团结带领人民战胜一切艰难险阻,在全面建设社会主义现代化国家新征程上创造新的更大奇迹!

(《人民日报》2021年11月16日第1版)

5

深刻领悟加强党的政治建设
这个鲜明特征和政治优势

——论学习贯彻党的十九届六中全会精神

旗帜鲜明讲政治、保证党的团结和集中统一是党的生命,也是我们党能成为百年大党、创造世纪伟业的关键所在。党的十九届六中全会着眼进一步增强党的团结和集中统一,确保全党步调一致向前进,深入研究党不断维护党的团结、维护党中央权威和集中统一领导的百年历程,指出党的百年奋斗锻造了走在时代前列的中国共产党,强调治理好我们这个世界上最大的政党和人口最多的国家,必须坚持党的全面领导特别是党中央集中统一领导,坚持民主集中制,确保党始终总揽全局、协调各方。

党的政治建设是党的根本性建设,决定党的建设方向和效果。党的政治建设的首要任务,就是保证全党服从中央,维护党中央权威和集中统一领导。维护党中央权威和集中统一领导,是一个成熟的马克思主义执政党的重大建党原则。党的历史经验表明,凡是党中央权威和集中统一领导坚持得好,党的事业就兴旺发达;反之,党的事业就遭受挫折。党的十八大以来,以习近平同志为核心的党中央把党的政治建设摆在首位,全力推进党的政治建设,党中央权威和集中统一领导得到有力保证,党的领导制度体系不断完善,党的领导方式更加科学,全党思想上更加统一、政治上更加团结、行动上更加一致,党的政治领导力、思想引领力、群众组织力、社会号召力显著增强。党和国家事业之所以能够取得历史性成就、发生历史性变革,根本在于有以习近平同志为核心的党中央坚强领导,有习近平新时代中国特色社会主义思想科学指引。

维护党中央权威和集中统一领导,有坚强有力的领导核心是重中之重、要中之要。历史和现实充分表明,全党有核心,党中央才有权威,党才有力量。在新时代中国特色社会主义事业砥砺奋进中,习近平总书记以马克思主义政治家的恢宏气魄、远见卓识、雄韬伟略,惊涛骇浪中坚如磐石,风险挑战中运筹帷幄,充分展现了大党大国领袖的政治智慧、战略定力、使命担当、为民情怀、领导艺术,赢得了全党全军全国各族人民的衷心爱戴和高度信赖。党的十八大以来,正是因为确立了习近平同志党中央的核心、全党的核心地位,党的面貌、国家的面貌、人民的面貌、军队的面貌、中华民族的面貌才发生了前所未有的变化。确立习近平同志党中央的核心、全党的核心地位,是时代呼唤、历史选择、民心所向。坚决维护习近平同志党中央的核心、全党的核心地位,全党就有定盘星,全国人民就有主心骨,中华"复兴"号巨轮就有掌舵者。正如全会审议通过的《中共中央关于党的百年奋斗重大成就和历史经验的决议》深刻指出的:"党确立习近平同志党中央的核心、全党的核心地位,确立习近平新时代中国特色社会主义思想的指导地位,反映了全党全军全国各族人民共同心愿,对新时代党和国家事业发展、对推进中华民族伟大复兴历史进程具有决定性意义。"实践充分证明,有习近平同志作为党中央的核心、全党的核心领航掌舵,有习近平新时代中国特色社会主义思想科学指引,有全党全军全国各族人民团结一心、顽强奋斗,我们就一定能够战胜前进道路上出现的各种艰难险阻,一定能够在新时代把中国特色社会主义更加有力地推向前进。

当今世界正经历百年未有之大变局，我国正处于实现中华民族伟大复兴关键时期，我们党正带领人民进行具有许多新的历史特点的伟大斗争。越是接近目标，越是形势复杂，越是任务艰巨，越要发挥党中央集中统一领导的定海神针作用。只有在全党激发高度的政治自觉、坚决做到"两个维护"，确保统一意志、统一行动、步调一致向前进，我们党才能以新气象新作为统揽推进伟大斗争、伟大工程、伟大事业、伟大梦想。学习贯彻党的十九届六中全会精神，必须深刻领悟加强党的政治建设这个马克思主义政党的鲜明特征和政治优势，坚定不移向党中央看齐，不断提高政治判断力、政治领悟力、政治执行力，切实增强"四个意识"、坚定"四个自信"、做到"两个维护"，牢记"国之大者"，始终在政治立场、政治方向、政治原则、政治道路上同以习近平同志为核心的党中央保持高度一致。讲政治是具体的，"两个维护"要体现在坚决贯彻党中央决策部署的行动上，体现在履职尽责、做好本职工作的实效上，体现在党员、干部的日常言行上。广大党员、干部要把讲政治要求化为内心自觉、内在主动，经常同党中央精神对表对标，切实做到党中央提倡的坚决响应，党中央决定的坚决执行，党中央禁止的坚决不做，确保全党上下拧成一股绳，心往一处想、劲往一处使。

过去一百年，党向人民、向历史交出了一份优异的答卷。现在，党团结带领中国人民又踏上了实现第二个百年奋斗目标新的赶考之路。让我们更加紧密地团结在以习近平同志为核心的党中央周围，全面贯彻习近平新时代中国特色社会主义思想，坚定理想信念，牢记初心使命，勠力同心、攻坚克难、勇毅前行，以咬定青山不放松的执着奋力实现既定目标，以行百里者半九十的清醒不懈推进中华民族伟大复兴！

（《人民日报》2021年11月17日第3版）

6

深刻认识党同人民生死相依 休戚与共的血肉联系

——论学习贯彻党的十九届六中全会精神

党的根基在人民、血脉在人民、力量在人民,人民是党执政兴国的最大底气。党的十九届六中全会深入研究党为中国人民谋幸福、为中华民族谋复兴的百年历程,深刻指出党的百年奋斗从根本上改变了中国人民的前途命运,把"坚持人民至上"概括为党百年奋斗的十条历史经验之一,强调全党必须永远保持同人民群众的血肉联系,践行以人民为中心的发展思想,不断实现好、维护好、发展好最广大人民根本利益,团结带领全国各族人民不断为美好生活而奋斗。

为人民而生,因人民而兴,始终同人民在一起,为人民利益而奋斗,是我们党立党兴党强党的根本出发点和落脚点。回望百年奋斗历程,我们党团结带领人民进行革命、建设、改革，根本目的就是为了让人民过上好日子，无论面临多大挑战和压力，无论付出多大牺牲和代价，这一点都始终不渝、毫不动摇。回望百年奋斗历程，我们党历经挫折而不断奋起、历尽磨难而淬火成钢，正是因为始终把人民作为"源"和"本"，深深植根于人民之中。回望百年奋斗历程，从建党的开天辟地，到新中国成立的改天换地，到改革开放的翻天覆地，再到党的十八大以来党和国家事业取得历史性成就、发生历史性变革，这些伟大成就的取得，靠的就是始终坚持一切为了人民、一切依靠人民，始终保持党同人民群众的血肉联系。一百年来，党领导人民经过波澜壮阔的伟大斗争，中国人民彻底摆脱了被欺负、被压迫、被奴役的命运，成为国家、社会和自己命运的主人，人民民主不断发展，14亿多人口实现全面小康，中国人民对美好生活的向往不断变为现实。党的百年历史，就是一部践行党的初心使命的历史，就是一部党与人民心连心、同呼吸、共命运的历史；党与人民生死相依、休戚与共，始终保持血肉联系，是党战胜一切困难和风险的根本保证。

学习贯彻党的十九届六中全会精神，就要深刻认识党同人民生死相依、休戚与共的血肉联系，更好为人民谋幸福、依靠人民创造历史伟业。必须清醒认识到，我们党来自人民、植根人民、服务人民，从根本上说，党的理论就是一切为了人民的理论，党的路线就是一切为了人民的路线，党的事业就是一切为了人民的事业。党的最大政治优势是密切联系群众，党执政后的最大危险是脱离群众。党代表中国最广大人民根本利益，没有任何自己特殊的利益，从来不代表任何利益集团、任何权势团体、任何特权阶层的利益，这是党立于不败之地的根本所在。正如全会审议通过的《中共中央关于党的百年奋斗重大成就和历史经验的决议》强调的：只要我们始终坚持全心全意为人民服务的根本宗旨，坚持党的群众路线，始终牢记江山就是人民、人民就是江山，坚持一切为了人民、一切依靠人民，坚持为人民执政、靠人民执政，坚持发展为了人民、发展依靠人民、发展成果由人民共享，坚定不移走全体人民共同富裕道路，就一定能够领导人民夺取中国特色社会主义新的更大胜利，任何想把中国共产党同中国人民分割开来、对立起来的企图就永远不会得逞。

从"能吃饱肚子"到"吃'净颗子'"，再到"想吃细粮就吃细粮，还能经常吃肉"，回忆起陕北黄土高原上老百姓对幸福生活的目标，习近平总书记曾深情讲述：

"我们这代人有一份情结,扶一把老百姓特别是农民。社会主义道路上一个也不能少,全面小康大家一起走!"如今,我们已经全面建成小康社会,正在意气风发向着全面建成社会主义现代化强国的第二个百年奋斗目标迈进。新的伟大征程上,我们必须坚持尊重社会发展规律和尊重人民历史主体地位的一致性、为崇高理想奋斗和为最广大人民谋利益的一致性、完成党的各项工作和实现人民利益的一致性,永不脱离群众,与群众有福同享、有难同当,有盐同咸、无盐同淡;必须紧紧依靠人民创造历史,坚持全心全意为人民服务的根本宗旨,站稳人民立场,坚持人民主体地位,尊重人民首创精神,践行以人民为中心的发展思想,始终把人民放在心中最高位置、把人民对美好生活的向往作为奋斗目标,推动改革发展成果更多更公平惠及全体人民,推动共同富裕取得更为明显的实质性进展,把14亿多中国人民凝聚成推动中华民族伟大复兴的磅礴力量。

今天,中国人民更加自信、自立、自强,极大增强了志气、骨气、底气,在历史进程中积累的强大能量充分爆发出来,焕发出前所未有的历史主动精神、历史创造精神,正在信心百倍书写着新时代中国发展的伟大历史。新征程上,在以习近平同志为核心的党中央坚强领导下,永远保持马克思主义执政党本色,永远走在时代前列,永远做中国人民和中华民族的主心骨,始终与人民心心相印、与人民同甘共苦、与人民团结奋斗,我们就一定能战胜一切艰难险阻,不断创造中华民族新的历史辉煌!

(《人民日报》2021 年 11 月 18 日第 1 版)

7

增强全面从严治党永远在路上的坚定和执着

——论学习贯彻党的十九届六中全会精神

办好中国的事情，关键在党，关键在党要管党、全面从严治党。党的十九届六中全会深入研究党加强自身建设、推进自我革命的百年历程，充分肯定党的十八大以来在全面从严治党上取得的历史性、开创性成就，把"坚持自我革命"概括为党百年奋斗的十条历史经验之一，强调全党必须铭记生于忧患、死于安乐，常怀远虑、居安思危，继续推进新时代党的建设新的伟大工程，坚持全面从严治党，坚定不移推进党风廉政建设和反腐败斗争，做到难不住、压不垮，推动中国特色社会主义事业航船劈波斩浪、一往无前。

先进的马克思主义政党不是天生的，而是在不断自我革命中淬炼而成的。勇于自我革命，是我们党最鲜明的品格，也是我们党最大的优势，自我革命精神是党永葆青春活力的强大支撑。中国共产党的伟大不在于不犯错误，而在于从不讳疾忌医，积极开展批评和自我批评，敢于直面问题，勇于自我革命。百年风霜雪雨、百年大浪淘沙，我们党能够饱经磨难而生生不息、风华正茂，战胜一个又一个困难，取得一个又一个胜利，关键在于始终坚持党要管党、全面从严治党不放松，在推动社会革命的同时进行彻底的自我革命。正因为我们党始终坚持这样做，才能够在危难之际绝处逢生、失误之后拨乱反正，成为永远打不倒、压不垮的马克思主义政党。党团结带领人民进行革命、建设、改革的实践都证明，什么时候我们党自身坚强有力，什么时候党和人民事业就能无往而不胜。把党的建设作为一项伟大工程来推进，是我们党的一大创举，是我们党领导人民进行伟大社会革命的重要法宝。

治国必先治党，治党务必从严。党的十八大以来，以习近平同志为核心的党中央坚定不移从严管党治党，谋划部署"四个全面"战略布局，对关乎中国特色社会主义发展的根本性问题作出顶层设计；把"党政军民学，东西南北中，党是领导一切的"写入党章，把"中国共产党领导是中国特色社会主义最本质的特征"写入宪法,进一步对坚持党的领导作出制度性规范;深化党和国家机构改革,把党的领导落实到治国理政全过程各方面;以改革创新精神抓党的建设,强化管党治党政治责任,坚持思想从严、监督从严、执纪从严、治吏从严、作风从严、反腐从严,党把方向、谋大局、定政策、促改革的能力不断提高。正如全会指出的,党的十八大以来,在全面从严治党上,党的自我净化、自我完善、自我革新、自我提高能力显著增强,管党治党宽松软状况得到根本扭转,反腐败斗争取得压倒性胜利并全面巩固,党在革命性锻造中更加坚强。我们党在刮骨疗毒中解决了自身在政治、思想、组织、作风、纪律等方面存在的一系列重大问题,在激浊扬清中彰显了无产阶级政党的政治本色,在革故鼎新中重塑了无产阶级政党的政治优势,焕发出新的强大生机活力,为党和国家事业发展提供了坚强政治保证。

全面从严治党永远在路上。踏上实现第二个百年奋斗目标新的赶考之路,必须充分认识到,我们党面临的长期执政考验、改革开放考验、市场经济考验、外部环境考验是长期而复杂的,面临的精神懈怠危险、能力不足危险、脱离群众危险、消极腐败危险是尖锐而严峻的。我们党作为百年大党,如何永葆先进性和纯洁性、永葆青春活力,如何永远得到人民拥护和支持,如何实现长期执政,是我们必须回答好、解决好的一个根本性问题。要把新时代坚持和发展中国特色社会主义这场伟大社会革命进行好,我们党必须勇于进行自我革命,把党建设得更加坚强有力。只有敢于刀刃向内,敢于壮士断腕,才能让自身始终过硬,始终成为时代先锋、民族脊梁,始终成为马克思主义执政党。学习贯彻党的十九届六中全会精神,就要增强忧患意识,坚持自我革命,以永远在路上的坚定和执着将全面从严治党向纵深推进。全党要增强"四个意识"、坚定"四个自信"、做到"两个维护",胸怀"国之大者",不断提高政治判断力、政治领悟力、政治执行力,自觉在思想上政治上行动上同以习近平同志为核心的党中央保持高度一致,自觉维护党的团结统一,严守党的政治纪律和政治规矩,始终保持同人民的血肉联系。正如全会审议通过的《中共中央关于党的百年奋斗重大成就和历史经验的决议》强调的:只要我们不断清除一切损害党的先进性和纯洁性的因素,不断清除一切侵蚀党的健康肌体的病毒,就一定能够确保党不变质、不变色、不变味,确保党在新时代坚持和发展中国特色社会主义的历史进程中始终成为坚强领导核心。

"胜人者有力,自胜者强"。党的建设新的伟大工程,是引领伟大斗争、伟大事业、最终实现伟大梦想的根本保证。新征程上,以新时代党的自我革命引领新的伟大社会革命,不断推进党的建设新的伟大工程,不断增强党的政治领导力、思想引领力、群众组织力、社会号召力,以全党的强大正能量在全社会凝聚起推动中国发展进步的磅礴力量,我们党就一定能永葆旺盛生命力和强大战斗力,团结带领人民战胜一切风险挑战,不断夺取新的伟大胜利!

　　(《人民日报》2021 年 11 月 19 日第 1 版)

8

锚定既定奋斗目标
意气风发走向未来

——论学习贯彻党的十九届六中全会精神

历史发展有其规律,科学把握历史规律,按历史规律办事,就能无往而不胜。

党的十九届六中全会深入研究历史发展规律和大势,全面总结党的百年奋斗重大成就和历史经验,强调全党要牢记中国共产党是什么、要干什么这个根本问题,把握历史发展大势,坚定理想信念,牢记初心使命,始终谦虚谨慎、不骄不躁、艰苦奋斗,不为任何风险所惧,不为任何干扰所惑,决不在根本性问题上出现颠覆性错误,以咬定青山不放松的执着奋力实现既定目标,以行百里者半九十的清醒不懈推进中华民族伟大复兴。这充分体现了以习近平同志为核心的党中央深刻把握历史发展规律、始终掌握党和国家事业发展的历史主动和使命担当,对于全党从党的百年奋斗中看清楚过去我们为什么能够成功、弄明白未来我们怎样才能继续成功,从而更加坚定、更加自觉地践行初心使命,在新时代更好坚持和发展中国特色社会主义,具有重大现实意义和深远历史意义。

在一百年的奋斗中,我们党始终坚持以马克思主义为指导分析把握历史大势,正确处理中国和世界的关系,善于抓住和用好各种历史机遇。一百年来,不管形势和任务如何变化,不管遇到什么样的惊涛骇浪,我们党都始终把握历史主动、锚定奋斗目标,沿着正确方向坚定前行。我们党团结带领人民用近 30 年时间完成了新民主主义革命,建立了新中国,中国人民从此站起来了;我们党团结带领人民在社会主义革命和建设的基础上用 40 多年时间进行改革开放,在中华大地上全面建成了小康社会,历史性地解决了绝对贫困问题,实现了第一个百年奋斗目标;下一步,到 2035 年,我们党要团结带领人民基本实现社会主义现代化,并在这个基础上再奋斗 15 年,到本世纪中叶全面建成社会主义现代化强国。实践充分证明,只要把握住历史发展规律和大势,抓住历史变革时机,顺势而为,奋发有为,我们就能够更好前进。

今天,我们比历史上任何时期都更接近、更有信心和能力实现中华民族伟大复兴的目标。同时,全党必须清醒认识到,中华民族伟大复兴绝不是轻轻松松、敲锣打鼓就能实现的。我们面临着难得机遇,也面临着严峻挑战。在这个关键当口,容不得任何停留、迟疑、观望,必须不忘初心、牢记使命,一鼓作气、继续奋斗。了解历史才能看得远,理解历史才能走得远。全党要胸怀中华民族伟大复兴战略全局和世界百年未有之大变局,树立大历史观,认清当代中国所处的历史方位,增强历史自觉,把苦难辉煌的过去、日新月异的现在、光明宏大的未来贯通起来,从历史长河、时代大潮、全球风云中分析演变机理、探究历史规律,在乱云飞渡中把牢正确方向,在风险挑战面前砥砺胆识,始终掌握新时代新征程党和国家事业发展的历史主动,激发为实现中华民族伟大复兴而奋斗的信心和动力,锚定既定奋斗目标,意气风发走向未来,开创属于我们这一代人的历史伟业。

锚定既定奋斗目标,意气风发走向未来,我们要全面贯彻习近平新时代中国特色社会主义思想,用马克思主义的立场、观点、方法观察时代、把握时代、引领时代。马克思主义是认识世界、改造世界的科学真理,是我们立党立国、兴党强国的根本指导思想。习近平新时代中国特色社会主义思想是当代中国马克思主义、21世纪马克思主义，是中华文化和中国精神的时代精华，实现了马克思主义中国化新的飞跃。在新的伟大征程上，坚持不懈用党的创新理论最新成果武装头脑、指导实践、推动工作，用马克思主义的真理光芒照耀我们的前行之路，我们就一定能团结带领人民战胜一切艰难险阻，创造新的更大奇迹。

锚定既定奋斗目标，意气风发走向未来，我们要坚持党的基本理论、基本路线、基本方略，坚持系统观念，统筹推进"五位一体"总体布局，协调推进"四个全面"战略布局。我国发展仍然处于重要战略机遇期，但机遇和挑战都有新的发展变化，机遇和挑战之大都前所未有，总体上机遇大于挑战。在新的伟大征程上，把握发展规律，发扬斗争精神，在危机中育先机、于变局中开新局，抓住机遇，应对挑战，立足新发展阶段、贯彻新发展理念、构建新发展格局、推动高质量发展，协同推进人民富裕、国家强盛、中国美丽，我们就一定能把握未来发展主动权，实现更高质量、更有效率、更加公平、更可持续、更为安全的发展。

锚定既定奋斗目标，意气风发走向未来，我们要永远保持同人民群众的血肉联系，践行以人民为中心的发展思想，不断实现好、维护好、发展好最广大人民根本利益。江山就是人民、人民就是江山，打江山、守江山，守的是人民的心。在新的伟大征程上，坚持全心全意为人民服务的根本宗旨，坚持一切为了人民、一切依靠人民，始终把人民放在心中最高位置、把人民对美好生活的向往作为奋斗目标，坚定不移走全体人民共同富裕道路，把14亿多人民凝聚成推动中华民族伟大复兴的磅礴力量，我们就一定能紧紧依靠人民创造新的历史伟业。

锚定既定奋斗目标，意气风发走向未来，我们要铭记生于忧患、死于安乐，常怀远虑、居安思危，继续推进新时代党的建设新的伟大工程。勇于自我革命，是我们党最鲜明的品格，也是我们党最大的优势，自我革命精神是党永葆青春活力的强大支撑。在新的伟大征程上，坚持自我革命，以永远在路上的坚定和执着将全面从严治党向纵深推进，不断清除一切损害党的先进性和纯洁性的因素，不断清除一切侵蚀党的健康肌体的病毒，我们就一定能够确保党不变质、不变色、不变味，确保党在新时代坚持和发展中国特色社会主义的历史进程中始终成为坚强领导核心。

在历史前进的逻辑中前进、在时代发展的潮流中发展,踏上实现第二个百年奋斗目标新的赶考之路,我们一定要继续考出好成绩,在新时代新征程上展现新气象新作为。让我们更加紧密地团结在以习近平同志为核心的党中央周围,全面贯彻习近平新时代中国特色社会主义思想,增强"四个意识"、坚定"四个自信"、做到"两个维护",大力弘扬伟大建党精神,勿忘昨天的苦难辉煌,无愧今天的使命担当,不负明天的伟大梦想,以史为鉴、开创未来,埋头苦干、勇毅前行,以优异成绩迎接党的二十大召开,为实现第二个百年奋斗目标、实现中华民族伟大复兴的中国梦而不懈奋斗!

(《人民日报》2021 年 11 月 20 日第 2 版)

附一
社论

在新时代新征程上赢得
更加伟大的胜利和荣光

2021 年 11 月 8 日至 11 日，中国共产党第十九届中央委员会第六次全体会议胜利举行。全会听取和讨论了习近平总书记受中央政治局委托作的工作报告，充分肯定党的十九届五中全会以来中央政治局的工作，审议通过了《中共中央关于党的百年奋斗重大成就和历史经验的决议》，审议通过了《关于召开党的第二十次全国代表大会的决议》。

在党成立一百周年的重要历史时刻，在党和人民胜利实现第一个百年奋斗目标、全面建成小康社会，正在向着全面建成社会主义现代化强国的第二个百年奋斗目标迈进的重大历史关头，全面总结党的百年奋斗重大成就和历史经验，对推动全党进一步统一思想、统一意志、统一行动，团结带领全国各族人民夺取新时代中国特色社会主义新的伟大胜利，具有重大现实意义和深远历史意义。党中央决定通过召开党的十九届六中全会,全面总结党的百年奋斗重大成就和历史经验,是郑重的历史性、战略性决策,充分体现党牢记初心使命、永葆生机活力的坚强意志和坚定决心,充分体现党深刻把握历史发展规律、始终掌握党和国家事业发展的历史主动和使命担当,充分体现党立足当下、着眼未来、注重总结和运用历史经验的高瞻远瞩和深谋远虑。全会通过的《中共中央关于党的百年奋斗重大成就和历史经验的决议》,坚持辩证唯物主义和历史唯物主义的方法论,坚持正确党史观、树立大历史观,聚焦总结党的百年奋斗重大成就和历史经验,突出中国特色社会主义新时代这个重点,对重大事件、重要会议、重要人物的评价注重同党中央已有结论相衔接,体现了党中央对党的百年奋斗的新认识,是一篇光辉的马克思主义纲领性文献,是新时代中国共产党人牢记初心使命、坚持和发展中国特色社会主义的政治宣言,是以史为鉴、开创未来、实现中华民族伟大复兴的行动指南。《中共中央关于党的百年奋斗重大成就和历史经验的决议》最鲜明的特点是实事求是、尊重历史,反映了党的百年奋斗的初心使命,同党的前两个历史决议既一脉相承又与时俱进,必将激励全党锚定既定奋斗目标、意气风发走向未来。

我们党的一百年,是矢志践行初心使命的一百年,是筚路蓝缕奠基立业的一百年,是创造辉煌开辟未来的一百年。一百年来,党领导人民浴血奋战、百折不挠,创造了新民主主义革命的伟大成就;自力更生、发愤图强,创造了社会主义革命和建设的伟大成就;解放思想、锐意进取,创造了改革开放和社会主义现代化建设的伟大成就;自信自强、守正创新,创造了新时代中国特色社会主义的伟大成就。党和人民百年奋斗,书写了中华民族几千年历史上最恢宏的史诗。特别是党的十八大以来,以习近平同志为核心的党中央统筹把握中华民族伟大复兴战略全局和世界百年未有之大变局,以伟大的历史主动精神、巨大的政治勇气、强烈的责任担当,统揽伟大斗争、伟大工程、伟大事业、伟大梦想,推动党和国家事业取得历史性成就、发生历史性变革,彰显了中国特色社会主义的强大生机活力,党心军心民心空前凝聚振奋,为实现中华民族伟大复兴提供了更为完善的制度保证、更为坚实的物质基础、更为主动的精神力量,中华民族迎来了从站起来、富起来到强起来的伟大飞跃。以史为鉴,可以知兴替。总结党的百年奋斗重大成就和历史经验,是在建党百年历史条件下开启全面建设社会主义现代化国家新征程、在新时代坚持和发展中国特色社会主义的需要；是增强政治意识、大局意识、核心意识、看齐意识，坚定道路自信、理论自信、制度自信、文化自信，做到坚决维护习近平同志党中央的核心、全党的核心地位，坚决维护党中央权威和集中统一领导，确保全党步调一致向前进的需要；是推进党的自我革命、提高全党斗争本领和应对风险挑战能力、永葆党的生机活力、团结带领全国各族人民为实现中华民族伟大复兴的中国梦而继续奋斗的需要。全党要坚持唯物史观和正确党史观，从党的百年奋斗中看清楚过去我们为什么能够成功、弄明白未来我们怎样才能继续成功，从而更加坚定、更加自觉地践行初心使命，在新时代更好坚持和发展中国特色社会主义。

一百年来，党始终践行初心使命，团结带领全国各族人民绘就了人类发展史上的壮美画卷，中华民族伟大复兴展现出前所未有的光明前景。《中共中央关于党的百年奋斗重大成就和历史经验的决议》从党的百年奋斗从根本上改变了中国人民的前途命运、开辟了实现中华民族伟大复兴的正确道路、展示了马克思主义的强大生命力、深刻影响了世界历史进程、锻造了走在时代前列的中国共产党等5个方面总结概括的党百年奋斗的历史意义,全面、深刻、系统阐述了党对中国人民、对中华民族、对马克思主义、对人类进步事业、对马克思主义政党建设所作的历史性贡献,既立足中华大地,又放眼人类未来,体现了中国共产党和中国人民、中华民族的关系,体现了中国共产党和马克思主义、世界社会主义、人类社会发展的关系,贯通了中国共产党百年奋斗的历史逻辑、理论逻辑、实践逻辑。一百年来,党领导人民进行伟大奋斗,在进取中突破,于挫折中奋起,从总结中提高,积累了宝贵的历史经验。《中共中央关于党的百年奋斗重大成就和历史经验的决议》从坚持党的领导、坚持人民至上、坚持理论创新、坚持独立自主、坚持中国道路、坚持胸怀天下、坚持开拓创新、坚持敢于斗争、坚持统一战线、坚持自我革命等10个方面总结概括的党百年奋斗的历史经验,贯通历史、现在、未来,是经过长期实践积累的宝贵经验,是党和人民共同创造的精神财富,具有根本性和长远指导意义,必须倍加珍惜、长期坚持,并在新时代实践中不断丰富和发展。

当前,世界百年未有之大变局加速演进,中华民族伟大复兴进入关键时期,我们比历史上任何时期都更接近、更有信心和能力实现中华民族伟大复兴的目标。同时,全党必须清醒认识到,中华民族伟大复兴绝不是轻轻松松、敲锣打鼓就能实现的,前进道路上仍然存在可以预料和难以预料的各种风险挑战;必须清醒认识到,我国仍处于并将长期处于社会主义初级阶段,我国仍然是世界最大的发展中国家,社会主要矛盾是人民日益增长的美好生活需要和不平衡不充分的发展之间的矛盾。全党要牢记中国共产党是什么、要干什么这个根本问题,以咬定青山不放松的执着奋力实现既定目标,以行百里者半九十的清醒不懈推进中华民族伟大复兴。在新的伟大征程上,全党必须全面贯彻习近平新时代中国特色社会主义思想,用马克思主义的立场、观点、方法观察时代、把握时代、引领时代;必须坚持党的基本理论、基本路线、基本方略,坚持系统观念,统筹推进“五位一体”总体布局,协调推进“四个全面”战略布局,立足新发展阶段、贯彻新发展理念、构建新发展格局、推动高质量发展,协同推进人民富裕、国家强盛、中国美丽;必须永远保持同人民群众的血肉联系,践行以人民为中心的发展思想,不断实现好、维护好、发展好最广大人民根本利益;必须铭记生于忧患、死于安乐,常怀远虑、居安思危,继续推进新时代党的建设新的伟大工程；必须抓好后继有人这个根本大计，把各方面优秀人才集聚到党和人民的伟大奋斗中来。

茫茫九脉流中国，纵横当有凌云笔。中国共产党立志于中华民族千秋伟业，百年恰是风华正茂。现在，党团结带领中国人民又踏上了实现第二个百年奋斗目标新的赶考之路。时代是出卷人，我们是答卷人，人民是阅卷人。我们一定要继续考出好成绩，在新时代新征程上展现新气象新作为。让我们更加紧密地团结在以习近平同志为核心的党中央周围，全面贯彻习近平新时代中国特色社会主义思想，增强"四个意识"、坚定"四个自信"、做到"两个维护"，大力弘扬伟大建党精神，勿忘昨天的苦难辉煌，无愧今天的使命担当，不负明天的伟大梦想，以史为鉴、开创未来，埋头苦干、勇毅前行，以优异成绩迎接党的二十大召开，为实现第二个百年奋斗目标、实现中华民族伟大复兴的中国梦而不懈奋斗。我们坚信，在过去一百年赢得了伟大胜利和荣光的中国共产党和中国人民，必将在新时代新征程上赢得更加伟大的胜利和荣光！

（《人民日报》2021年11月12日第3版）

附二

"新时代的关键抉择"
系列评论员文章

1

坚持和加强党对一切工作的领导

办好中国的事情,关键在党。为什么我国能创造世所罕见的经济快速发展奇迹和社会长期稳定奇迹?根本的一条就是始终坚持中国共产党领导。党的领导是党和国家事业不断发展的"定海神针"。党的十八大以来,以习近平同志为核心的党中央旗帜鲜明坚持和加强党的领导,把坚持党的领导贯彻和体现到改革发展稳定、内政外交国防、治党治国治军各个领域各个方面,中华民族向世界展现的是一派欣欣向荣的气象,创造了新时代中国特色社会主义的伟大成就。

党政军民学,东西南北中,党是领导一切的。2012年 11 月 17 日,党的十八大闭幕后不到一周,习近平总书记就在十八届中共中央政治局第一次集体学习时强调:"中国共产党是中国特色社会主义事业的领导核心,所以必须加强和改善党的领导,充分发挥党总揽全局、协调各方的领导核心作用。"以习近平同志为核心的党中央深刻认识到，坚持和加强党的全面领导，关系党和国家前途命运，我们的全部事业都建立在这个基础之上，在这个问题上决不能犯颠覆性错误。只有毫不动摇坚持和加强党的全面领导，才能扭转一些地方和部门存在的党的领导弱化、党的建设缺失现象，消除党和国家内部存在的严重隐患，为党和国家事业发展提供坚强政治保证。

万山磅礴，必有主峰。"中国共产党领导是中国特色社会主义最本质的特征，是中国特色社会主义制度的最大优势，是党和国家的根本所在、命脉所在，是全国各族人民的利益所系、命运所系""在坚持党的领导这个重大原则问题上，我们脑子要特别清醒、眼睛要特别明亮、立场要特别坚定，绝不能有任何含糊和动摇""一定要认清，中国最大的国情就是中国共产党的领导。什么是中国特色？这就是中国特色""中国特色社会主义大厦需要四梁八柱来支撑，党是贯穿其中的总的骨架，党中央是顶梁柱"……对坚持和加强党的领导，习近平总书记讲的每一句话都铿锵有力、掷地有声，彰显着巨大的政治勇气、强烈的历史担当。无论哪个领域、哪方面工作，无一不是从加强党的领导抓起,最终落脚在强化党的建设上,展现了卓越的政治智慧、高超的领导艺术。党的十八大以来,以习近平同志为核心的党中央,坚持和加强党对一切工作的领导,确保了新时代中国特色社会主义各项事业顺利推进。

事在四方,要在中央。习近平总书记强调:"坚持党的领导,首先是坚持党中央权威和集中统一领导,这是党的领导的最高原则,任何时候任何情况下都不能含糊、不能动摇。"总书记深刻指出:"如果党中央没有权威,党的理论和路线方针政策可以随意不执行,大家各自为政、各行其是,想干什么就干什么,想不干什么就不干什么,党就会变成一盘散沙,就会成为自行其是的'私人俱乐部',党的领导就会成为一句空话。"一个国家、一个政党,领导核心至关重要。党中央鲜明提出,要增强政治意识、大局意识、核心意识、看齐意识,坚定中国特色社会主义道路自信、理论自信、制度自信、文化自信,坚决维护习近平总书记党中央的核心、全党的核心地位,维护党中央权威和集中统一领导。习近平总书记党中央的核心、全党的核心地位,是在新的伟大斗争实践中形成的。党的十八届六中全会正式确立习近平总书记党中央的核心、全党的核心地位,党的十九大把习近平总书记党中央的核心、全党的核心地位写入党章,这是历史和人民的共同选择、郑重选择、必然选择,是党和国家之幸、人民之幸、中华民族之幸。坚决维护党中央权威和集中统一领导,坚决维护核心、捍卫核心、忠诚核心,是中国共产党和中国人民的共同认识和自觉行动。

习近平总书记强调:"加强党对一切工作的领导,这一要求不是空洞的、抽象的,要在各方面各环节落实和体现。"从党中央制定一系列党内法规,对维护党中央权威和集中统一领导作出明确规定,到深化党和国家机构改革,把党的领导落实到治国理政全过程各方面;从强化管党治党政治责任,坚持思想从严、监督从严、执纪从严、治吏从严、作风从严、反腐从严,到坚持党的组织和党的工作全覆盖,形成党的中央组织、地方组织、基层组织上下贯通、执行有力的严密体系;从严格执行请示报告制度,到强化党的组织在同级组织中的领导地位,理顺党的组织同其他组织的关系……党中央采取一系列有力举措,健全党的领导制度体系,深化党的建设制度改革,完善全面从严治党制度,坚持以伟大自我革命引领伟大社会革命,使党始终成为中国特色社会主义事业的坚强领导核心。

"壹引其纲,万目皆张。"党的十八大以来,在以习近平同志为核心的党中央坚强领导下，党的政治领导力、思想引领力、群众组织力、社会号召力不断增强，党总揽全局、协调各方的领导核心作用更加凸显，在国家治理体系的大棋局中，党中央是坐镇中军帐的"帅"，车马炮各展其长，一盘棋大局分明。从抗击新冠肺炎疫情斗争取得重大战略成果，到脱贫攻坚战取得全面胜利；从"十三五"圆满收官、第一个百年奋斗目标如期实现，到新征程顺利开启，重大历史关头，重大考验面前，以习近平同志为核心的党中央展现出非凡的判断力、决策力、行动力，带领亿万人民从容应对各种复杂局面和风险挑战，推动党和国家事业取得历史性成就、发生历史性变革，让党的面貌、国家的面貌、人民的面貌、军队的面貌、中华民族的面貌发生了前所未有的变化。事实已经证明并将继续证明，只要我们始终不渝坚持党的领导，就一定能够战胜任何艰难险阻，不断满足人民对美好生活的向往，不断把伟大事业推向前进。

历史和人民选择了中国共产党。在庆祝中国共产党成立 100 周年大会上，习近平总书记强调："以史为鉴、开创未来，必须坚持中国共产党坚强领导。"今天，党的团结统一更加巩固，党的领导更加坚强有力，中国共产党正带领亿万中国人民奋进在全面建设社会主义现代化国家的新征程上。更加紧密地团结在以习近平同志为核心的党中央周围，增强"四个意识"、坚定"四个自信"、做到"两个维护"，牢记"国之大者"，坚持党的全面领导，不断完善党的领导，不断提高党科学执政、民主执政、依法执政水平，全面建成社会主义现代化强国的目标就一定能够实现，中华民族伟大复兴的目标就一定能够实现。

（《人民日报》2021 年 11 月 1 日第 1 版）

2

大战大考前的关键决断

新冠肺炎疫情是百年来全球发生的最严重的传染病大流行，是新中国成立以来我国遭遇的传播速度最快、感染范围最广、防控难度最大的重大突发公共卫生事件。

这是一场前所未有的严峻挑战！病毒突袭而至，疫情来势汹汹，人民生命安全和身体健康面临严重威胁。此时的中国，正迈入决胜全面建成小康社会、决战脱贫攻坚的收官之年，防控疫情既要把握点多面广的现实国情，也要防止来之不易的建设成果付诸东流，还要防止经济停摆、社会失序等难以预测的风险，何其艰难！

船重千钧，掌舵一人。越是危难关头，越是关键时刻，越能彰显领导核心的作用。面对严重疫情，习近平总书记亲自指挥、亲自部署，党中央统筹全局、果断决策,团结带领全党全军全国各族人民打响了一场疫情防控的人民战争、总体战、阻击战。犹记得,专家组刚得出对病毒的最新结论,习近平总书记第一时间作出指示:"要把人民群众生命安全和身体健康放在第一位""采取切实有效措施,坚决遏制疫情蔓延势头";犹记得,2020 年 1 月 22 日,总书记作出重要指示,要求立即对湖北省、武汉市人员流动和对外通道实行严格封闭的交通管控:"作出这一决策,需要巨大政治勇气,但该出手时必须出手,否则当断不断、反受其乱""人民生命重于泰山! 只要是为了人民的生命负责,那么什么代价、什么后果都要担当";犹记得,1 月 25 日农历正月初一,总书记主持召开中央政治局常委会会议,对疫情防控工作进行再研究、再部署、再动员,为打赢疫情防控阻击战排兵布阵、谋局落子;犹记得,2 月 23 日,在疫情防控最吃劲的关键阶段,一场参加者达 17 万人的超大规模电视电话会议召开,总书记发表重要讲话,对统筹推进新冠肺炎疫情防控和经济社会发展工作进行部署;犹记得,3 月 10 日,在疫情防控关键时刻,总书记飞赴武汉,直奔火神山医院,深入东湖新城社区,在决胜之地发出"坚决打赢湖北保卫战、武汉保卫战"的总攻号令……危急之时,高瞻远瞩的判断、审时度势的决策、掷地有声的话语，彰显着大党大国领袖的责任担当，为打赢疫情防控阻击战指引着方向。

非常之事，必用非常之举。新冠肺炎疫情发生后，以习近平同志为核心的党中央坚持把人民生命安全和身体健康放在第一位，中央政治局常委会、中央政治局召开 21 次会议研究决策，领导组织党政军民学、东西南北中大会战，提出坚定信心、同舟共济、科学防治、精准施策的总要求，明确坚决遏制疫情蔓延势头、坚决打赢疫情防控阻击战的总目标，周密部署武汉保卫战、湖北保卫战，因时因势制定重大战略策略。从强调"疫情就是命令，防控就是责任"，要求各级党委和政府"把疫情防控工作作为当前最重要的工作来抓"，到坚持"人民至上、生命至上"，全力以赴救治患者，不遗漏一个感染者，不放弃每一位病患者；从指出"抗击疫情有两个阵地，一个是医院救死扶伤阵地，一个是社区防控阵地"，充分发挥社区在疫情防控中的重要作用，构筑起群防群控的人民防线，到强调"人类同疾病较量最有力的武器就是科学技术"，把遵循科学规律贯穿到决策指挥、病患治疗、技术攻关、社会治理各方面全过程；从提出"经济社会是一个动态循环系统，不能长

时间停摆",统筹推进疫情防控和经济社会发展工作,
到指明"团结合作是战胜疫情最有力的武器",加强国
际抗疫合作,推动构建人类卫生健康共同体……在以
习近平同志为核心的党中央坚强领导下,全国迅速形
成统一指挥、全面部署、立体防控的战略布局,有效遏
制了疫情大面积蔓延,有力改变了病毒传播的危险进
程,最大限度保护了人民生命安全和身体健康,充分彰
显了"越是艰险越向前"的斗争精神和"为有牺牲多壮
志"的英雄气概。

惟其艰难,才更显勇毅。面对这场惊心动魄的抗
疫大战、艰苦卓绝的历史大考,我们付出巨大努力,用
1个多月的时间初步遏制疫情蔓延势头,用2个月左
右的时间将本土每日新增病例控制在个位数以内,用
3个月左右的时间取得武汉保卫战、湖北保卫战的决
定性成果,进而又接连打了几场局部地区聚集性疫情
歼灭战,夺取了全国抗疫斗争重大战略成果,创造了人
类同疾病斗争史上又一个英勇壮举,谱写了感天动地、
气壮山河的战"疫"史诗。在此基础上,我们统筹推进
疫情防控和经济社会发展工作取得显著成效,我国成
为疫情发生以来第一个恢复增长的主要经济体,在疫
情防控和经济恢复上都走在世界前列,显示了中国的

强大修复能力和旺盛生机活力。与此同时,我们本着公开、透明、负责任的态度,积极履行国际义务,同世界各国携手合作、共克时艰,以实际行动帮助挽救了全球成千上万人的生命,以实际行动彰显了中国推动构建人类命运共同体的真诚愿望。抗疫斗争取得重大战略成果,充分展现了中国共产党领导和我国社会主义制度的显著优势,充分展现了中国人民和中华民族的伟大力量,充分展现了中华文明的深厚底蕴,充分展现了中国负责任大国的自觉担当,极大增强了全党全军全国各族人民的自信心和自豪感、凝聚力和向心力。

习近平总书记强调:"中华民族历史上经历过很多磨难,但从来没有被压垮过,而是愈挫愈勇,不断在磨难中成长、从磨难中奋起。"在这场同严重疫情的殊死较量中,中国人民和中华民族以敢于斗争、敢于胜利的大无畏气概,铸就了生命至上、举国同心、舍生忘死、尊重科学、命运与共的伟大抗疫精神。这一伟大精神,同中华民族长期形成的特质禀赋和文化基因一脉相承,是爱国主义、集体主义、社会主义精神的传承和发展,是中国精神的生动诠释,丰富了民族精神和时代精神的内涵,成为中国共产党人精神谱系的重要组成部分,成为全面建设社会主义现代化国家、实现中华民族伟大复兴的强大力量。

一个民族之所以伟大,根本就在于在任何困难和风险面前都从来不放弃、不退缩、不止步,百折不挠为自己的前途命运而奋斗。当前,我国进入了全面建设社会主义现代化国家、向第二个百年奋斗目标进军的新征程,我们比历史上任何时期都更加接近实现中华民族伟大复兴的宏伟目标。我们深知,越是接近民族复兴,越充满风险挑战乃至惊涛骇浪。踏平坎坷成大道,斗罢艰险又出发。在新的伟大征程上,更加紧密地团结在以习近平同志为核心的党中央周围,大力弘扬伟大抗疫精神,勠力同心、锐意进取,我们就一定能创造新的时代辉煌、铸就新的历史伟业!

(《人民日报》2021 年 11 月 2 日第 1 版)

3

精准扶贫是打赢脱贫
攻坚战的制胜法宝

在实现中国梦的伟大行进中,全面建成小康社会是"关键一步"。消除绝对贫困,是迈好这一步的"关键一跃"。

2012年年底,党的十八大召开后不久,以习近平同志为核心的党中央就突出强调,"小康不小康,关键看老乡,关键在贫困的老乡能不能脱贫",承诺"决不能落下一个贫困地区、一个贫困群众",拉开了新时代脱贫攻坚的序幕。当年,我国贫困人口占总人口的比例已降至10.2%,减贫已进入国际公认的"最艰难阶段",我国仍有农村贫困人口9899万人,贫困县832个。面对贫中之贫、困中之困,如何啃下"硬骨头",实现全面小康"一个都不能少"?如何真扶贫、扶真贫、真脱贫,让脱贫攻坚经得起历史检验?

"扶贫开发推进到今天这样的程度,贵在精准,重在精准,成败之举在于精准。"党的十八大以来,习近平总书记反复强调脱贫攻坚工作中"精准"两字的重要性。2013 年 11 月,在湖南省花垣县十八洞村,习近平总书记首次提出"精准扶贫"重要理念,作出"实事求是、因地制宜、分类指导、精准扶贫"重要指示;2015 年,在中央扶贫开发工作会议上,习近平总书记提出实现脱贫攻坚目标的总体要求,实行扶持对象、项目安排、资金使用、措施到户、因村派人、脱贫成效"六个精准",实行发展生产、易地搬迁、生态补偿、发展教育、社会保障兜底"五个一批",发出打赢脱贫攻坚战的总攻令。2017 年,在党的十九大报告中,习近平总书记把精准脱贫作为三大攻坚战之一进行全面部署,锚定全面建成小康社会目标,聚力攻克深度贫困堡垒,决战决胜脱贫攻坚。2020 年,面对突如其来的新冠肺炎疫情,习近平总书记出席决战决胜脱贫攻坚座谈会,指出农村贫困人口全部脱贫"必须如期实现,没有任何退路和弹性",要求全党全国以更大的决心、更强的力度,做好"加试题"、打好收官战,信心百倍向着脱贫攻坚的最后胜利进军。

　　"让几千万农村贫困人口生活好起来,是我心中的牵挂。"为打赢脱贫攻坚战,习近平总书记亲自指挥、亲自部署、亲自督战,7次主持召开中央扶贫工作座谈会,50多次调研扶贫工作,连续5年审定脱贫攻坚成效考核结果,连续7年在全国扶贫日期间出席重要活动或作出重要指示,连续7年在新年贺词中强调脱贫攻坚,每年在全国两会期间下团组同代表委员共商脱贫攻坚大计,多次回信勉励基层干部群众投身减贫事业。习近平总书记走遍全国14个集中连片特困地区,考察了20多个贫困村,深入贫困家庭访贫问苦,倾听贫困群众意见建议,了解扶贫脱贫需求,极大鼓舞了贫困群众脱贫致富的信心和决心。在脱贫攻坚战中,习近平总书记以实事求是、求真务实的科学精神确立精准扶贫方略,推动扶贫开发进入"滴灌式"精准扶贫新阶段:精准识别、建档立卡,解决"扶持谁"的问题;加强领导、建强队伍,解决"谁来扶"的问题;区分类别、靶向施策,解决"怎么扶"的问题;严格标准、有序退出,解决"如何退"的问题;跟踪监测、防止返贫,解决"如何稳"的问题,精准扶贫方略的实施,极大增强了脱贫攻坚的针对性有效性,有力提升了脱贫攻坚的整体效能。

"这是中国人民的伟大光荣,是中国共产党的伟大光荣,是中华民族的伟大光荣!"2021年2月25日,全国脱贫攻坚总结表彰大会在北京隆重举行。习近平总书记向世界庄严宣告:"经过全党全国各族人民共同努力,在迎来中国共产党成立一百周年的重要时刻,我国脱贫攻坚战取得了全面胜利,现行标准下9899万农村贫困人口全部脱贫,832个贫困县全部摘帽,12.8万个贫困村全部出列,区域性整体贫困得到解决,完成了消除绝对贫困的艰巨任务,创造了又一个彪炳史册的人间奇迹!"得益于精准扶贫方略,农村贫困人口全部脱贫,为实现全面建成小康社会目标任务作出了关键性贡献;脱贫地区经济社会发展大踏步赶上来,整体面貌发生历史性巨变;脱贫群众精神风貌焕然一新,增添了自立自强的信心勇气;党群干群关系明显改善,党在农村的执政基础更加牢固;创造了减贫治理的中国样本,为全球减贫事业作出了重大贡献。习近平总书记深刻指出:"脱贫攻坚战的全面胜利,标志着我们党在团结带领人民创造美好生活、实现共同富裕的道路上迈出了坚实的一大步。"

精准扶贫方略,是中国打赢脱贫攻坚战的制胜法宝,是中国减贫理论和实践的重大创新,体现了中国共产党一切从实际出发、遵循事物发展规律的科学态度,面对新矛盾新问题大胆闯、大胆试的创新勇气,对共产党执政规律、社会主义建设规律、人类社会发展规律的不懈探索,对实现人的全面发展和全体人民共同富裕的执着追求。事实证明,精准扶贫方略,不仅确保了脱贫攻坚取得全面胜利,而且有力提升了国家治理体系和治理能力现代化水平,丰富和发展了新时代中国共产党执政理念和治国方略。面向未来,只要我们坚持精准的科学方法、落实精准的工作要求,坚持用发展的办法解决发展不平衡不充分问题,就一定能够为经济社会发展和民生改善提供科学路径和持久动力!

治国之道,富民为始;民之贫富,国之责任。中国的脱贫攻坚实践启示世界,减贫是一项具有开拓性的艰巨工作,实现减贫目标,领导人的情怀、意志和决心至关重要,执政党及其领导下的政府担负起对人民的责任、发挥主导作用、汇聚各方力量至关重要,保持政策的连续性和稳定性至关重要。我们清醒认识到,脱贫摘帽不是终点,而是新生活、新奋斗的起点。脱贫攻坚取得胜利后,要全面推进乡村振兴,这是我国"三农"工作重心的历史性转移。解决发展不平衡不充分问题、缩小城乡区域发展差距、实现人的全面发展和全体人民共同富裕仍然任重道远。习近平总书记深刻指出:"现在,我们正在向第二个百年奋斗目标迈进。适应我国社会主要矛盾的变化,更好满足人民日益增长的美好生活需要,必须把促进全体人民共同富裕作为为人民谋幸福的着力点,不断夯实党长期执政基础。"

征途漫漫,惟有奋斗。中国共产党的奋斗目标,归根结底是让全体人民过上好日子。从摆脱贫困到乡村振兴,从全面建成小康社会到全面建设社会主义现代化国家,"加油、努力,再长征",我们一定能创造新的更大奇迹,在人类的伟大时间历史中创造中华民族的伟大历史时间!

(《人民日报》2021 年 11 月 3 日第 1 版)

4

关系我国发展全局的
重大决策部署

　　经济持续稳定恢复、稳中向好,科技自立自强积极推进,改革开放力度加大,民生得到有效保障,高质量发展取得新成效,社会大局保持稳定……今天的中国,立足新发展阶段,贯彻新发展理念,构建新发展格局,推动高质量发展,正在全面建设社会主义现代化国家的新征程上乘风破浪、扬帆奋进。

　　看似寻常最奇崛,成如容易却艰辛。回望 2020 年,这是新中国历史上、中华民族历史上,也是人类历史上极不寻常的一年,新冠肺炎疫情突如其来,洪涝灾害多地发生,经济发展遭受冲击,外部环境风高浪急,来自政治、经济、文化、军事、社会、国际、自然等领域的挑战纷至沓来。从深层次的背景看,新冠肺炎疫情全球大流行使世界百年未有之大变局加速演进,保护主义、单边主义上升,世界经济低迷,全球产业链供应链因非经济因素而面临冲击,国际经济、科技、文化、安全、政治等格局都在发生深刻调整,世界进入动荡变革期;我国已进入高质量发展阶段,人民对美好生活的要求不断提高,发展不平衡不充分问题仍然突出,创新能力不适应高质量发展要求,农业基础还不稳固,城乡区域发展和收入分配差距较大,生态环保任重道远,民生保障存在短板,社会治理还有弱项。在泰山压顶的危难时刻,习近平总书记高瞻远瞩、审时度势,作出把握新发展阶段、贯彻新发展理念、构建新发展格局、推动高质量发展的重大决策部署,以习近平同志为核心的党中央团结带领全党全军全国各族人民,沉着应对,迎难而上,攻坚克难,在极不寻常的年份创造了极不寻常的辉煌。

面对风云激荡的国际形势和逆风逆水的外部环境,如何应对一系列新的风险挑战?站在"两个一百年"的历史交汇点上,如何谋划未来发展蓝图?正确认识党和人民事业所处的历史方位和发展阶段,是我们党明确阶段性中心任务、制定路线方针政策的根本依据。"我国将进入新发展阶段",习近平总书记敏锐作出战略判断,深刻指出"新发展阶段,就是全面建设社会主义现代化国家向第二个百年奋斗目标进军的阶段。这在我国发展进程中具有里程碑意义",要求"以辩证思维看待新发展阶段的新机遇新挑战"。"新冠肺炎疫情期间,我到几个省进行调查研究,深入了解抗疫情况,调研复工复产中出现的问题。我在浙江考察时发现,在疫情冲击下全球产业链供应链发生局部断裂,直接影响到我国国内经济循环。当地不少企业需要的国外原材料进不来、海外人员来不了、货物出不去,不得不停工停产。我感觉到,现在的形势已经很不一样了,大进大出的环境条件已经变化,必须根据新的形势提出引领发展的新思路。"习近平总书记这样回顾构建新发展格局这一重大战略任务提出的过程。在2020年4月10日的中央财经委会议上,习近平总书记明确提出要构建以国内大循环为主体、国内国际双循环相互促进的新发展格局。

准确识变、科学应变、主动求变,在危机中育先机、于变局中开新局,习近平总书记在关键时刻作出的关键决策,为中国号巨轮前行提供了指引和遵循。在2021年全国两会上,习近平总书记指出:"立足新发展阶段、贯彻新发展理念、构建新发展格局,推动高质量发展,是当前和今后一个时期全党全国必须抓紧抓好的工作。"实践中,我们更加深刻地认识到,进入新发展阶段,贯彻新发展理念,构建新发展格局,推动高质量发展,是由我国经济社会发展的理论逻辑、历史逻辑、现实逻辑决定的。进入新发展阶段明确了我国发展的历史方位,这是我国社会主义发展进程中的一个重要阶段,在新发展阶段全面建设社会主义现代化国家,不会是一个一帆风顺的过程,必须付出更加艰苦的努力;贯彻新发展理念明确了我国现代化建设的指导原则,新发展理念是指挥棒、红绿灯,是我国发展思路、发展方向、发展着力点的集中体现,全党必须从根本宗旨、从问题导向、从忧患意识深刻把握新发展理念,必须在实践中完整、准确、全面贯彻新发展理念;构建新发展格局明确了我国经济现代化的路径选择,这是把握未来发展主动权的战略性布局和先手棋,是为了在各种可以预见和难以预见的惊涛骇浪中增强我们的生存力、竞争力、发展力、持续力,是新发展阶段要着力推动完成的重大历史任务,也是贯彻新发展理念的重大举措;推动高质量发展明确了"十四五"乃至更长时期我国经济社会发展的主题,这是根据我国发展阶段、发展环境、发展条件变化作出的科学决断,关系我国社会主义现代化建设全局。踏上向第二个百年奋斗目标进军的新征程,我们要站在统筹中华民族伟大复兴战略全局和世界百年未有之大变局的高度,统筹国内国际两个大局、发展安全两件大事,心怀"国之大者",不断提高政治判断力、政治领悟力、政治执行力,不断提高把握新发展阶段、贯彻新发展理念、构建新发展格局、推动高质量发展的政治能力、战略眼光、专业水平,敢于担当、善于作为,把党中央决策部署贯彻落实好。

迈入新发展阶段,以新发展理念为指引,以构建新发展格局为路径,坚定高质量发展的中国正努力实现更高质量、更有效率、更加公平、更可持续、更为安全的发展,展现出一幅气势恢宏的壮美画卷。在新时代中国特色社会主义事业砥砺奋进中,习近平总书记以马克思主义政治家的恢宏气魄、远见卓识、雄韬伟略,惊涛骇浪中坚如磐石,风险挑战中运筹帷幄,充分展现了大党大国领袖的政治智慧、战略定力、使命担当、为民情怀、领导艺术,赢得了全党全军全国各族人民的衷心爱戴和高度信赖。实践再次证明,重大历史关头,重大考验面前,领导力是最关键的条件,党中央的判断力、决策力、行动力具有决定性作用。坚定维护习近平总书记党中央的核心、全党的核心地位,坚定维护党中央权威和集中统一领导,是夺取全面建设社会主义现代化国家新胜利的根本保证。前进道路上，有习近平总书记作为党中央的核心、全党的核心领航掌舵，有全党全军全国各族人民团结一心、顽强奋斗，我们就一定能够战胜各种艰难险阻，不断从胜利走向新的胜利。

（《人民日报》2021年11月4日第1版）

5

推动我国区域协调发展
呈现新气象新格局

　　茫茫九脉流中国，纵横当有凌云笔。我国幅员辽阔、人口众多，各地区自然资源禀赋差别之大在世界上是少有的，统筹区域发展从来都是一个重大问题。党的十八大以来，以习近平同志为核心的党中央对促进区域协调发展提出了一系列新理念新思想新战略，推动我国区域协调发展呈现新气象、新格局。广袤的神州大地上，正在写就区域协调发展"一盘棋"这篇大文章。

　　下好全国一盘棋，协调发展是制胜要诀。改革开放以来，我国经济社会发展取得显著成就，同时区域发展不平衡不充分问题依然比较突出。区域经济发展分化态势明显，发展动力极化现象日益突出，部分区域发展面临较大困难……我国经济由高速增长阶段转向高质量发展阶段，经济发展的空间结构正在发生深刻变化,对区域协调发展提出了新的要求。正是在这样的时代背景下,习近平总书记高瞻远瞩、深谋远虑,强调"我们必须适应新形势,谋划区域协调发展新思路""要面向第二个百年目标,作些战略性考虑",并把实施区域协调发展战略作为新时代国家重大战略之一,作为贯彻新发展理念、建设现代化经济体系的重要组成部分,这是对时代命题的深邃思考,是对经济规律的深刻把握,是对未来发展的深远谋划,展现了大党大国领袖高超的政治智慧、宽广的战略眼光和强烈的历史担当。

匠心独运丹青手,万里山河起宏图。在北京城市副中心谋长远,滨海新区问创新,雄安新区谈规划;沿长江岸线,细查生态变迁,详询"十年禁渔";在东北三省,万亩田里看秋收,工厂车间探生产;秦岭深处,点赞农民"小木耳办成了大产业";南海之滨,勉励企业"要有自主创新的骨气和志气";黄浦江畔,鼓励自贸区"大胆闯、大胆试、自主改"……党的十八大以来,习近平总书记足迹遍布大江南北,亲自谋划、亲自部署、亲自推动一系列区域协调发展战略。提出京津冀协同发展、长江经济带发展、粤港澳大湾区建设、长三角一体化发展、黄河流域生态保护和高质量发展等区域重大战略,就深入推进西部大开发、振兴东北地区等老工业基地、中部地区崛起、东部率先发展等作出新部署,以习近平同志为核心的党中央不断推动形成优势互补、高质量发展的区域经济布局,形成了国土空间布局更加优化,东西南北中纵横联动,主体功能明显、优势互补的区域协调发展新格局。

"千钧将一羽,轻重在平衡。"新时代促进区域协调发展,不仅立足局部和当前,更着眼全局和长远;不仅关乎经济发展、效率提升,更牵动共同富裕、社会公平;不仅影响一时一地,更对把握新发展阶段、贯彻新发展理念、构建新发展格局、推动高质量发展具有重要意义。"按照客观经济规律调整完善区域政策体系,发挥各地区比较优势""增强创新发展动力,加快构建高质量发展的动力系统",确立新形势下促进区域协调发展的总的思路;"推动好一个庞大集合体的发展,一定要处理好自身发展和协同发展的关系""不平衡是普遍的,要在发展中促进相对平衡",提出区域协调发展的辩证法;"完善和落实主体功能区战略,细化主体功能区划分""形成全国统一开放、竞争有序的商品和要素市场",从多方面健全区域协调发展新机制……习近平总书记关于区域协调发展的一系列重要论述,着眼改革全局、发展大局,深刻回答了新时代促进区域协调发展的重大理论和实践问题,为促进区域协调发展向更高水平和更高质量迈进指明了努力方向、提供了重要遵循。

全局上谋势,关键处落子。习近平总书记强调"要根据各地区的条件,走合理分工、优化发展的路子",提出"尊重客观规律,发挥比较优势,完善空间治理,保障民生底线"的原则,谋划部署区域重大战略。以疏解北京非首都功能为"牛鼻子"推动京津冀协同发展,打造我国自主创新的重要源头和原始创新的主要策源地;"共抓大保护,不搞大开发",依托长江黄金水道推动长江上中下游地区协调发展和沿江地区高质量发展;"大胆闯、大胆试,开出一条新路来",积极作为深入推进粤港澳大湾区建设;"紧扣一体化和高质量两个关键词",实施长三角一体化发展战略;"共同抓好大保护,协同推进大治理",让黄河成为造福人民的幸福河……习近平总书记对于区域重大战略进行的一系列重大部署,引领各个区域打破自家"一亩三分地"的思维定式,找准定位、发挥优势、良性互动,一个个增长极、一块块新高地、一处处示范区,为推动经济高质量发展不断注入新活力。

在习近平新时代中国特色社会主义思想指引下，区域协调发展呈现新格局，全国发展的协调性、平衡性日益增强，神州大地生机勃勃、气象万千。西部地区基础设施和生态环境建设取得重大进展，优势区域重点发展、生态功能区重点保护的新格局正在形成；东北地区加快建设现代化经济体系，老工业基地焕发新的生机；中部地区经济总量占全国的比重进一步提升，国家现代化经济增长新动能区域的功能进一步凸显；东部地区先行先试，经济社会现代化水平进一步提升，国际竞争力进一步增强……坚持下好全国一盘棋，东中西和东北"四大板块"优势互补、齐头并进，陆海统筹力度加大，区域发展更加平衡、更加协调，在中华大地上全面建成了小康社会，为扎实推动共同富裕奠定了坚实基础。

在习近平新时代中国特色社会主义思想指引下，区域发展重大战略高质量推进，各地发展动能强劲、活力充足，复兴路上百舸争流、千帆竞发。京津冀协同发展迈出坚实步伐，空间布局和经济结构优化提升；长江经济带生态环境保护发生转折性变化，经济社会发展取得历史性成就；粤港澳大湾区硬联通、软联通不断加强，三地合作更加深入广泛；长三角区域一体化进程加快,全国发展强劲活跃增长极、全国高质量发展样本区率先基本实现;黄河流域生态保护和高质量发展扎实起步,黄河流域特色鲜明的高质量发展区域布局正在形成。各地既立足自身比较优势,又融入国家发展大局,呈现出既合理分工又优势互补的生动局面,为贯彻新发展理念、构建新发展格局、推动高质量发展提供了坚实支撑。

"不谋万世者,不足谋一时;不谋全局者,不足谋一域。"随着区域协调发展战略深入推进,一幅各地分工合理、优势互补、相得益彰的壮美画卷正在神州大地徐徐展开。踏上新征程,在以习近平同志为核心的党中央坚强领导下,全面落实区域协调发展战略各项任务,抱成团朝着顶层设计的目标一起做,我们就一定能够发挥各地优势、实现协调发展、形成整体合力,全面建成社会主义现代化强国,实现中华民族伟大复兴的中国梦。

(《人民日报》2021年11月5日第1版)

6

关系中华民族永续
发展的根本大计

　　生态文明是人类文明发展的历史趋势，生态文明建设是关系中华民族永续发展的根本大计。党的十八大以来，以习近平同志为核心的党中央全面加强生态文明建设，一体治理山水林田湖草沙，开展了一系列根本性、开创性、长远性工作，决心之大、力度之大、成效之大前所未有，生态文明建设从认识到实践都发生了历史性、转折性、全局性的变化。

　　生态环境没有替代品，用之不觉，失之难存，是一笔既买不来也借不到的宝贵财富。回溯人类历史，进入工业文明时代以来，传统工业化迅猛发展，在创造巨大物质财富的同时也加速了对自然资源的攫取，打破了地球生态系统原有的循环和平衡，造成人与自然关系紧张。新中国成立 70 多年来，我们在一穷二白的基础上,用几十年时间走完了发达国家几百年走过的工业化历程,跃升为世界第二大经济体,在创造经济社会快速发展奇迹的同时,也积累了大量生态环境问题。同时,我国环境容量有限,生态系统脆弱,独特的地理环境加剧了地区间的不平衡。"建设生态文明,关系人民福祉,关乎民族未来。"习近平总书记对生态环境工作历来看得很重。在正定、厦门、宁德、福建、浙江、上海等地工作期间,他都把这项工作作为一项重大工作来抓。2012年12月,党的十八大召开后不久,习近平总书记在广东考察时就指出:"我们在生态环境方面欠账太多了,如果不从现在起就把这项工作紧紧抓起来,将来付出的代价会更大。在这个问题上,我们没有别的选择。"

生态文明建设是新时代中国特色社会主义的重要内容和重要特征。加强生态文明建设,是贯彻新发展理念、推动经济社会高质量发展的必然要求,也是人民群众追求高品质生活的共识和呼声。洱海边"立此存照",嘱咐一定要改善好洱海水质;汾河沿岸驻足凝望,要求"让一泓清水入黄河";青海湖边细问详情,强调保护好青海生态环境是"国之大者";西溪湿地步行察看,思考"统筹好生产、生活、生态三大空间布局"……习近平总书记如此关切祖国的山山水水,展现了心系中华民族永续发展的深厚情怀。"绿水青山就是金山银山""像保护眼睛一样保护生态环境,像对待生命一样对待生态环境""人不负青山,青山定不负人""一定要算大账、算长远账、算整体账、算综合账"……习近平总书记掷地有声的话语闪耀思想光芒,彰显了对生态文明建设的深邃思考。在"五位一体"总体布局中生态文明建设是其中一位,在新时代坚持和发展中国特色社会主义基本方略中坚持人与自然和谐共生是其中一条基本方略,在新发展理念中绿色是其中一大理念,在三大攻坚战中污染防治是其中一大攻坚战,党的十八大以来,党中央把生态文明建设摆在全局工作的突出位置,高瞻远瞩的顶层设计,扎实有力的具体举措,体现了生态文明建设在新时代党和国家事业发展中的地位,推动生态文明建设和生态环境保护取得历史性成就、发生历史性变革。

为当代计,为万世谋。站在实现中华民族永续发展的战略高度,站在对人类文明负责的高度,以习近平同志为核心的党中央求解人与自然和谐共生之道,深刻回答了为什么建设生态文明、建设什么样的生态文明、怎样建设生态文明等重大理论和实践问题,系统形成了习近平生态文明思想。强调"绿水青山就是金山银山",不以牺牲生态环境为代价换取经济的一时发展,为兼顾经济发展和环境保护指明出路;强调"良好生态环境是最普惠的民生福祉",坚持生态惠民、生态利民、生态为民,不断满足人民日益增长的优美生态环境需要;强调"用最严格制度最严密法治保护生态环境",加快制度创新,强化制度执行,让制度成为刚性的约束和不可触碰的高压线;强调山水林田湖草沙是生命共同体,把大自然当成一个相互依存、相互影响的系统,全方位、全地域、全过程开展生态文明建设;强调"共谋全球生态文明建设",深度参与全球环境治理,形成世界环境保护和可持续发展的解决方案……既有蓝图规划,也有具体路径;既有战略层面的认识论,也有战术层面的方法论;既有立足中国的长远眼光,也有放眼全球的宽广视野,习近平生态文明思想为推动生态文明建设提供了理论指导,为共同建设美丽中国确立了价值导航。

在习近平生态文明思想指引下,中国人民凝心聚力,坚定不移走绿色发展之路,生态文明理念日益深入人心,污染治理力度之大、制度出台频度之密、监管执法尺度之严、环境质量改善速度之快前所未有,交出了一份令世人惊叹的绿色答卷:2020 年,单位国内生产总值能耗和碳排放分别比 2015 年下降 13.2%、18.8%,全国地级及以上城市空气质量优良天数比例为 87%,地表水水质优良率达到 83.4%,中国民众对生态环境质量的满意度达 89.5%……一个个数字记录下生态领域的根本性变化、历史性成就。防治污染、修复生态、节约资源,环境保护各项工作取得重要进展;山变绿了、江河清了、雾霾少了,人民群众获得感、幸福感、安全感持续增强;优化结构、转换动能、提高能效,高质量发展绿色根基不断夯实,人与自然和谐共生的美丽中国正在从蓝图变为现实。

经过不懈努力,我国生态环境质量持续好转,呈现出稳中向好趋势。同时必须清醒看到,我国生态文明建设挑战重重、压力巨大、矛盾突出,正处于压力叠加、负重前行的关键期,已进入提供更多优质生态产品以满足人民日益增长的优美生态环境需要的攻坚期,也到了有条件有能力解决生态环境突出问题的窗口期,还有不少难关要过,还有不少硬骨头要啃,还有不少顽瘴痼疾要治。习近平总书记强调:"新发展阶段对生态文明建设提出了更高要求,必须下大气力推动绿色发展,努力引领世界发展潮流。"新征程上,全面贯彻落实习近平生态文明思想,践行绿水青山就是金山银山的理念,坚持节约资源和保护环境的基本国策,坚持节约优先、保护优先、自然恢复为主的方针,坚定走生产发展、生活富裕、生态良好的文明发展道路,坚持和完善生态文明制度体系,确保如期实现碳达峰、碳中和目标,天更蓝、山更绿、水更清的美丽中国图景必将不断展现在世人面前。

在我国这个 14 亿多人口的最大发展中国家推进生态文明建设,建成富强民主文明和谐美丽的社会主义现代化强国,其影响将是世界性的。向着第二个百年奋斗目标迈进,建设生态文明的时代责任已经落在了我们这代人的肩上。让我们更加紧密地团结在以习近平同志为核心的党中央周围,大力推进生态文明建设,齐心协力、攻坚克难,不懈奋斗、永远奋斗,为不断开创美丽中国建设新局面、实现中华民族伟大复兴的中国梦作出新的更大贡献。

(《人民日报》2021 年 11 月 6 日第 1 版)

7

推动人民军队实现
整体性革命性重塑

　　这是一次迎难而上的跋涉，也是一次革故鼎新的起航。中国特色社会主义进入新时代，国防和军队建设也进入新时代，国防和军队现代化的任务前所未有地摆在我们面前。

　　强国必须强军，军强才能国安。巩固国防和强大军队是新时代坚持和发展中国特色社会主义、实现中华民族伟大复兴的战略支撑。随着我国快速发展壮大，我们面临的安全威胁和风险挑战更加复杂严峻。在世界新军事革命加速发展、战争形态加速向信息化演变的浪潮中，人民军队"两个能力不够""两个差距很大"的问题亟待解决。面对国家安全环境的深刻变化，面对强国强军的时代要求，习近平总书记深刻指出："在党和人民需要的时候，我们这支军队能不能始终坚持住党的绝对领导,能不能拉得上去、打胜仗,各级指挥员能不能带兵打仗、指挥打仗?"这是人民军队必须要回答的时代叩问。

关山重重的新长征,离不开登高望远的领路人。作为党中央的核心、全党的核心、人民军队最高统帅,习近平总书记把国防和军队建设放在实现中华民族伟大复兴的大目标下来把握,放在夺取具有许多新的历史特点的伟大斗争新胜利中来考量,放在"五位一体"总体布局和"四个全面"战略布局中来运筹,开启了奋力实现强军目标、建设世界一流军队的新征程。"实现中华民族伟大复兴,是中华民族近代以来最伟大的梦想。可以说,这个梦想是强国梦,对军队来说,也是强军梦",这是 2012 年 12 月在当选党的总书记和中央军委主席不久、第一次离京视察部队时作出的重要论断;"建设一支听党指挥、能打胜仗、作风优良的人民军队,是党在新形势下的强军目标",这是 2013 年 3 月在十二届全国人大一次会议解放军代表团全体会议上擘画的宏伟蓝图。从 2014 年 10 月亲自提议在古田召开新世纪第一次全军政治工作会议,开启新形势下政治建军的时代篇章,到 2015 年 11 月在中央军委改革工作会议上发出深化国防和军队改革的行动号令,我军历史上力度、深度、广度空前的整体性、革命性变革拉开大幕；从 2017 年党的十九大闭幕后第二天主持新一届中央军委第一次常务会议，强调军委班子要推动全军各项工作向能打仗、打胜仗聚焦，到 2018 年在中部战区陆军某团靶场，一身戎装出席中央军委开训动员大会，号令全军全面加强实战化军事训练，全面提高打赢能力……习近平总书记高瞻远瞩的重大决策，直击要害的重大部署，是对时与势的清醒洞察、对安与危的深谋远虑，彰显了大党大国领袖、人民军队最高统帅的非凡政治勇气、卓越军事智慧、强烈使命担当。

大盘取厚势，落子开新局。党的十八大以来，习近平总书记围绕实现强军目标统筹军队革命化、现代化、正规化建设，统筹军事力量建设和运用，统筹经济建设和国防建设，制定新形势下军事战略方针，提出一系列重大方针原则，作出一系列重大决策部署。扭住忠诚于党、听党指挥强基固本，强调"党对军队的绝对领导是我军的军魂和命根子，永远不能变，永远不能丢"，大力加强政治建军，坚定不移开展党风廉政建设和反腐败斗争；适应强国强军时代要求深化改革，指出"深化国防和军队改革是实现中国梦、强军梦的时代要求，是强军兴军的必由之路，也是决定军队未来的关键一招"，推进全面深化国防和军队改革，建立军委管总、战区主战、军种主建的新格局；着眼不断提高人民军队建设质量和效益，明确"加快建立军民融合创新体系，下更大气力推动科技兴军，坚持向科技创新要战斗力，为我军建设提供强大科技支撑"，全面实施科技强军战略；锚定高素质新型军事人才培养，指出"新时代军事教育方针，就是坚持党对军队的绝对领导，为强国兴军服务，立德树人，为战育人，培养德才兼备的高素质、专业化新型军事人才"，全面实施人才强军战略；围绕永葆人民军队本色正风肃纪、厉行法治，明确"依法治军、从严治军是强军之基，是我们党建军治军的基本方略"，推进治军方式根本性转变；聚焦能打胜仗强化练兵备战，强调"人民军队永远是战斗队，人民军队的生命力在于战斗力"，坚持战斗力这个唯一的根本的标准，深入推进练兵备战，坚决捍卫国家领土主权和海洋权益……习近平总书记亲自领导强军顶层设计，亲自进行战略筹划，锐意攻坚克难，带领全军深入推进政治建军、改革强军、科技强军、人才强军、依法治军，着力强化练兵备战，深入贯彻新发展理念，更加注重聚焦实战，更加注重创新驱动，更加注重体系建设，更加注重集约高效，更加注重军民融合，引领军队现代化在波澜壮阔的强军实践中大步迈进。

敏于观察者先,敢于决断者胜。经过持续努力,人民军队体制一新、结构一新、格局一新、面貌一新,实现了整体性、革命性重塑,军事斗争准备取得重大进展,党风廉政建设和反腐败斗争取得重大阶段性成效,思想政治根基更加牢固,在中国特色强军之路上迈出了坚实步伐。这些历史性变革和历史性成就的取得,根本在于以习近平同志为核心的党中央坚强领导,在于习近平强军思想的科学指引。实践雄辩地证明,有习近平同志这个党中央的核心、全党的核心领航掌舵,我们党就有无比强大的前进定力,党和人民事业就有最根本的保障,人民军队向前进就有方向、有信心、有力量。

习近平总书记强调:"坚持和发展中国特色社会主义,实现中华民族伟大复兴,必须统筹发展和安全、富国和强军,确保国防和军队现代化进程同国家现代化进程相适应,军事能力同国家战略需求相适应。"党的十九大确立了力争到2035年基本实现国防和军队现代化,到本世纪中叶把人民军队全面建成世界一流军队的战略安排。党的十九届五中全会明确提出确保2027年实现建军百年奋斗目标。奋斗新时代、奋进新征程,更加紧密地团结在以习近平同志为核心的党中央周围,以习近平强军思想为指引,全面贯彻新时代军事战略方针,增强"四个意识"、坚定"四个自信"、做到"两个维护",坚持走中国特色强军之路,我们就一定能把人民军队建设成为世界一流军队,以更强大的能力、更可靠的手段捍卫国家主权、安全、发展利益!

(《人民日报》2021 年 11 月 7 日第 1 版)

党在革命性锻造中更加坚强

腐败是人类社会的顽疾,反腐败是当今世界性难题。我们党作为长期执政的党,面临的最大威胁就是腐败。反对腐败、建设廉洁政治,是我们党一贯坚持的鲜明政治立场,是广大干部群众始终关注的重大政治问题。

"新形势下,我们党面临着许多严峻挑战,党内存在着许多亟待解决的问题。尤其是一些党员干部中发生的贪污腐败、脱离群众、形式主义、官僚主义等问题,必须下大气力解决。全党必须警醒起来。"2012年11月15日,在十八届中央政治局常委同中外记者见面会上,习近平总书记从关系党和国家生死存亡的高度,作出了"打铁还需自身硬"的庄严承诺。"大量事实告诉我们,腐败问题越演越烈,最终必然会亡党亡国!我们要警醒啊!"两天后,在主持十八届中央政治局第一次集体学习时,习近平总书记再次向全党发出深刻警示。党的十八大以来,习近平总书记以"我将无我,不负人民"的赤子情怀,以"得罪千百人,不负十三亿"的使命担当,以"刮骨疗毒、壮士断腕"的坚定意志,推进新时代党的建设新的伟大工程,以优良的作风凝聚党心民心,以严明的纪律管党治党,以零容忍的态度惩治腐败,巩固了党的团结统一,扭转了"四风"积弊,构建起党和国家监督体系,反腐败斗争取得压倒性胜利并全面巩固,党在革命性锻造中更加坚强有力。

这是力挽狂澜的政治决断。"物必先腐,而后虫生。"从世界范围来看,一些国家因长期积累的矛盾导致民怨载道、社会动荡、政权垮台,其中贪污腐败就是一个很重要的原因。从我们党自身来看,党内发生的严重违纪违法案件,性质非常恶劣,政治影响极坏,令人触目惊心。习近平总书记深刻指出:"腐败问题对我们党的伤害最大,严惩腐败分子是党心民心所向,党内决不允许有腐败分子藏身之地。""坚决反对腐败,防止党在长期执政条件下腐化变质,是我们必须抓好的重大政治任务。"从 2012 年 12 月 4 日,中央政治局会议审议八项规定,到 2017 年 10 月 27 日,中央政治局会议审议《中共中央政治局贯彻落实中央八项规定的实施细则》；从2016年1月，中央纪委全会强调"推动全面从严治党向基层延伸"，到2018年1月，中央纪委全会提出"要把扫黑除恶同反腐败结合起来"；从2018年年底，中央政治局会议强调"反腐败斗争形势依然严峻复杂，全面从严治党依然任重道远"，到2021年1月，中央纪委全会强调"要持续整治群众身边腐败和作风问题"……正是怀着强烈的历史责任感、深沉的忧患意识，以习近平同志为核心的党中央把全面从严治党纳入"四个全面"战略布局，持之以恒正风肃纪反腐，坚定不移"打虎""拍蝇""猎狐"，刹住了一些过去被认为不容易刹住的歪风邪气，攻克了一些司空见惯的顽瘴痼疾，解决了许多长期想解决而没有解决的难题，消除了党和国家内部存在的严重隐患，为党和国家事业发展提供了坚强政治保证。

这是无愧时代的"赶考"答卷。从2012年12月到2021年5月，在以习近平同志为核心的党中央坚强领导下，纪检监察机关共立案审查调查省部级以上领导干部392人、厅局级干部2.2万人、县处级干部17万余人、乡科级干部61.6万人；查处落实中央八项规定精神不力问题、"四风"问题62.65万起。数据的背后，是无比清醒的政治判断："不得罪腐败分子，就必然会辜负党、得罪人民"，"这是一笔再明白不过的政治账、人心向背的账"；是自上而下的率先垂范："改进工作作风的任务非常繁重，八项规定是一个切入口和动员令"，"各级领导干部要以身作则、率先垂范，说到的就要做到，承诺的就要兑现，中央政治局同志从我本人做起"；是坚如磐石的反腐决心："发现一起查处一起，发现多少查处多少"，"法治之下，任何人都不能心存侥幸，都不能指望法外施恩，没有免罪的'丹书铁券'，也没有'铁帽子王'"；是严管厚爱的政策策略："运用监督执纪'四种形态'，抓早抓小、防微杜渐"，"通过有效处置化解存量、强化监督遏制增量，实现政治效果、纪法效果、社会效果有机统一"；是标本兼治的坚韧执着："推进反腐败工作法治化、规范化"，"持续深化党的纪律检查体制和国家监察体制改革，促进执纪执法贯通，有效衔接司法"……新时代的反腐败斗争有力表明，在解决腐败这个古今中外治国理政的顽疾方面，我们党不仅有鲜明态度，更有实际行动；不仅能全面地反腐败，而且能有效地反腐败。

"民心是最大的政治，正义是最强的力量。"坚定不移惩治腐败，是我们党有力量的表现，也是全党同志和广大群众的共同愿望。党的十八大以来，党风廉政建设和反腐败斗争走出了一条卓有成效的路子,书写了一个百年大党自我革命的崭新篇章。在以习近平同志为核心的党中央坚强领导下,反腐败已经形成了无禁区、全覆盖、零容忍的战略态势,已经形成了利剑高悬、震慑常在,发现一起、查处一起的常态,初步构建起不敢腐、不能腐、不想腐的体制机制,走出了一条依靠中国共产党领导反对腐败、依靠社会主义法治严惩腐败、依靠社会主义制度优势治理腐败的中国道路。国家统计局民意调查显示,95.8%的群众认为2020年全面从严治党卓有成效,比2012年提高了16.5个百分点。"风清则气正,气正则心齐,心齐则事成。"以党的自我革命来推动党领导人民进行的伟大社会革命,新时代全面从严治党取得历史性、开创性成就,产生全方位、深层次影响,赢得了人民群众的信任和信赖,增强了党的创造力、凝聚力、战斗力,为实现第一个百年奋斗目标提供了强大政治引领和坚强政治保障。可以说,如果没有反腐败斗争,如果没有全面从严治党,就不可能有党和国家今天这样的大好局面。

办好中国的事情,关键在党,关键在党要管党、全面从严治党。习近平总书记在庆祝中国共产党成立100周年大会上强调:"新的征程上,我们要牢记打铁必须自身硬的道理,增强全面从严治党永远在路上的政治自觉"。这既是庄严的政治宣示,也是对全党的再动员、再部署、再号令。站在新的历史起点上,始终保持"赶考"的清醒,坚定不移推进党风廉政建设和反腐败斗争,坚决清除一切损害党的先进性和纯洁性的因素,清除一切侵蚀党的健康肌体的病毒,我们党就能确保不变质、不变色、不变味,确保在新时代坚持和发展中国特色社会主义的历史进程中始终成为坚强领导核心,引领和保证中国特色社会主义巍巍巨轮行稳致远。

(《人民日报》2021 年 11 月 8 日第 1 版)

9

引领时代潮流和人类文明
进步方向的鲜明旗帜

历史车轮滚滚向前,世界潮流浩浩荡荡。只有因时而动、顺势而为,才能在历史前进的逻辑中前进,在时代发展的潮流中发展。

党的十八大以来,我们所处的是一个风云变幻的时代,面对的是一个日新月异的世界。一方面,和平与发展仍是当今时代的主题,世界多极化、经济全球化深入发展,文化多样化、社会信息化持续推进,国际格局和国际秩序加速调整演变。另一方面,世界经济陷入低迷,经济全球化遭遇逆风,单边主义、保护主义抬头,公平和效率、增长和分配、技术和就业等矛盾更加突出,贫富差距仍普遍存在,全球治理体系面临新的挑战。"世界怎么了、我们怎么办?"这是关乎人类社会何去何从的十字路口,也是关系人类前途命运的关键抉择。

唯有凝聚共识的思想,才有拨云破雾的穿透力;唯有洞察未来的远见,才有指引前行的感召力。习近平总书记站在历史和时代的高度,从中国与世界共同利益、全人类前途命运出发,提出构建人类命运共同体的重大倡议,明确"中国外交的目标,就是要推动建设相互尊重、公平正义、合作共赢的新型国际关系,构建人类命运共同体",深刻回答了"建设一个什么样的世界,怎样建设这个世界"的时代之问,解决了世界如何维护持久和平、实现共同发展的历史难题,具有划时代的重大意义。"我们的事业是同世界各国合作共赢的事业。国际社会日益成为一个你中有我、我中有你的命运共同体",这是 2012 年 12 月 5 日党的十八大后不久习近平总书记在同在华工作的外国专家代表座谈时作出的重要判断;"这个世界,各国相互联系、相互依存的程度空前加深,人类生活在同一个地球村里,生活在历史和现实交汇的同一个时空里,越来越成为你中有我、我中有你的命运共同体",这是 2013 年 3 月 23 日习近平主席在莫斯科国际关系学院演讲时阐释的重大论断。从博鳌亚洲论坛年会开幕式上,提出牢固树立命运共同体意识的正确方向,到联合国成立 70 周年系列峰会上,论述打造人类命运共同体的主要内容;从领导人气候峰会上,提议共同构建人与自然生命共同体,到全球健康峰会上,倡导构建人类卫生健康共同体;从《生物多样性公约》第十五次缔约方大会领导人峰会上,呼吁共建地球生命共同体,到第二届联合国全球可持续交通大会上,诠释构建全球发展命运共同体……高屋建瓴的擘画,鞭辟入里的论述,掷地有声的宣示,深刻阐释了构建人类命运共同体的时代背景、重大意义、丰富内涵和实现途径,引领中国特色大国外交理论和实践创新,为人类社会实现共同发展、持续繁荣、长治久安绘制了蓝图,展现了卓越政治家和战略家的开阔视野和宽广胸怀,彰显了大党大国领袖的天下情怀和责任担当。

伟大的思想一旦与伟大的事业紧密结合,就将展现出前所未有的蓬勃伟力,并推动这个时代大步向前迈进。提倡"构建相互尊重、公平正义、合作共赢的新型国际关系",坚定不移在和平共处五项原则基础上发展同各国的友好合作,秉持共商共建共享的全球治理观,倡导国际关系民主化,维护以联合国为核心的国际体系、以国际法为基础的国际秩序,维护多边主义和国际公平正义;发出"丝绸之路经济带"和"21世纪海上丝绸之路"重大倡议,举办两届"一带一路"国际合作高峰论坛,141 个国家和 32 个国际组织加入"一带一路"大家庭,"一带一路"建设已从倡议变为现实,从"大写意"步入"工笔画";强调"让经济全球化进程更有活力、更加包容、更可持续",进博会、服贸会、广交会、消博会等经贸盛会隆重举办,二十国集团领导人杭州峰会、北京亚太经合组织领导人非正式会议、中非合作论坛北京峰会等重大主场外交活动精彩亮相,中国开放的大门越开越大;阐明"病毒没有国界,不分种族,是全人类面临的共同挑战,国际社会只有形成合力,才能战而胜之",中国同世界各国携手合作、共克时艰,毫无保留同各国分享经验,尽己所能向国际社会提供物资和技术支持,为全球抗疫贡献了智慧和力量;提出"让子孙后代既能享有丰富的物质财富,又能遥望星空、看见青山、闻到花香",中国切实履行气候变化、生物多样性等环境相关条约义务,完善全球环境治理,力争 2030 年前实现碳达峰、2060 年前实现碳中和;倡导"以文明交流超越文明隔阂、文明互鉴超越文明冲突、文明共存超越文明优越",亚洲文明对话大会、中国共产党与世界政党高层对话会等重要多边会议成功举办,为促进各国文明交流、共同发展搭建新的平台……在习近平总书记亲自谋划、亲自推动下,构建人类命运共同体重大倡议凝聚起各国人民共同建设美好世界的最大公约数,为充满不确定性的国际局势提供巨大的稳定性,为人类社会对美好未来的追求注入强大正能量,为全球治理体系改革和建设不断贡献中国智慧、提供中国方案,受到国际社会高度评价和热烈响应,多次被联合国文件引用,产生了广泛而深远的国际影响,成为中国引领时代潮流和人类文明进步方向的鲜明旗帜。

人类和平与发展的事业是崇高的事业,也是充满挑战的事业。今天,人类生活彼此关联之紧密前所未有,面临的全球性问题数量之多、规模之大、程度之深也前所未有。百年变局和世纪疫情交织叠加,世界进入动荡变革期,不稳定性不确定性显著上升。人类社会面临的治理赤字、信任赤字、发展赤字、和平赤字有增无减,实现普遍安全、促进共同发展依然任重道远。同时,世界多极化趋势没有根本改变,经济全球化展现出新的韧性,维护多边主义、加强沟通协作的呼声更加强烈。无论是应对眼下的危机,还是共创美好的未来,人类都需要同舟共济、团结合作。拥抱世界,才能拥抱明天;携手共进,才能行稳致远。只有秉持人类命运共同体理念,坚持多边主义、走团结合作之路,才能携手应对各种全球性问题,建设持久和平、普遍安全、共同繁荣、开放包容、清洁美丽的世界。

在庆祝中国共产党成立100周年大会上,习近平总书记庄严宣示:"新的征程上,我们必须高举和平、发展、合作、共赢旗帜,奉行独立自主的和平外交政策,坚持走和平发展道路,推动建设新型国际关系,推动构建人类命运共同体,推动共建'一带一路'高质量发展,以中国的新发展为世界提供新机遇。"坚持以习近平外交思想为指导,站在历史正确的一边,站在人类进步的一边,秉持可持续发展理念,体现人类命运共同体担当,始终做世界和平的建设者、全球发展的贡献者、国际秩序的维护者、公共产品的提供者,我们就一定能让和平与发展的阳光普照全球,推动历史车轮向着光明的目标前进。

(《人民日报》2021年11月9日第1版)